伝聞証拠

との向き合い方と

弁護技術

後藤 昭

監修

K-Ben NextGen

編著

第一法規

はしがき

　はじめまして。

　私たちは「K-Ben NextGen」と申します。

　この本の表紙を見て、この団体はなんぞや、と思われた方も多かろうと思います。そこで、この「はしがき」では、私たち「K-Ben NextGen」がどのような団体か、どんな活動をしているかをご紹介したいと思います。

　私たち「K-Ben NextGen」は、次世代の刑事弁護を担う熱心な若手弁護士数名が発起人となり、2020年に発足しました。略称は「ケージェネ」なので、そう呼んでください！

　私たちは、司法修習期でいうと、64期以下の弁護士で構成されています。弁護士になって以降、たくさんの刑事事件を取り扱い、そして、たくさんの不条理に打ちひしがれてきました。

　我が国の刑事裁判は絶望的だと、平野龍一博士が言った時代からもう30年以上が経ちました。残念ながらその状況は、そんなに大きく変わっていないように思います。

　そんな刑事司法を弁護士の力で打破するため、当団体は設立されました。

　当団体がまず着目したのは、情報発信でした。

　これまでの刑事弁護業界は、市民社会に対し、積極的に情報発信することはありませんでした。

　市民に対する情報提供を担うマスメディアの報道は、残念ながら、正しいものばかりではありませんでした。私たちも、報道がなされるような重大な事件をたくさん担当し、その都度マスメディアの報道に触れてきました。そこでは、マスメディアの偏見、有罪前提のアンフェアな報道に接し、嘆かわしい気持ちになってきました。

　この原因には、裁判の公開の不十分さ、捜査機関を主な情報源とする報道の在り方などたくさんの問題があると思いますが、私たち弁護士がこれまで

i

あまり情報発信をしてこなかったことにも大きな原因があるように思います。

　そこで私たちは、刑事司法にまつわる情報を、弁護士目線で発信してきました。YouTubeを媒体に「ケージェネch-刑事弁護士が刑事裁判と司法試験を語る-」を開設し、ニュースを取り上げたり、一般の方向けに刑事司法の実情を伝えようとしてきました。刑事弁護というのは、ときに理解しがたいものです。一般の方々から見ると、被告人を守る役割を担う弁護士も、悪人のように見えてしまうこともあるでしょう。しかし、私たちは正義感を持って刑事弁護に取り組んでいます。その素朴な正義感を、広く理解してもらうべく、今も動画配信を続けています。

　また、刑事弁護の役割を伝える相手は、一般市民の方々だけではありません。

　司法試験受験生や、ロースクール生、そして司法修習生は、次世代の刑事弁護の担い手です。無限の可能性を持った皆さんに、刑事弁護の魅力を伝え、刑事司法の未来を託すのは、我々若手弁護士の仕事です。

　そこで私たちは、受験生や修習生を対象に、刑事弁護の魅力を伝えたり、学習に役立つコンテンツを発信したりしてきました。「伝聞法則を極めるゼミ」を通じて、理解しにくい伝聞法則をわかりやすく解説するよう努めたり、司法試験の問題を刑事弁護人の目線で解説したりする動画を配信しています。また、弁護士になったときの刑事弁護の基本的な技術を解説する動画や、最新判例を研究する動画も配信しています。

　私たちも若手弁護士ですが、若手弁護士同士が切磋琢磨する場も必要であると考えました。

　私たちは、近時専門化が進んでいる刑事弁護について、若手弁護士同士で情報交換し、各人がよりよい弁護活動を実践していけるよう、DMMオンラインサロンというプラットフォームで会員制のコミュニティサービスを作りました。

　若手弁護士のみ、かつ会員制であることによって、少人数のクローズなコ

ミュニティが形成され、刑事弁護に関する質問の投稿や、議論がしやすくなる環境を作っています。

　また、このオンラインサロンでは、「ケージェネマガジン」と題し、定期的に刑事弁護の最新情報を発信する試みをしています。週1回の配信のため、本書執筆時点では、約200近くのマガジン配信がなされました。

　全国各地の弁護士が参加し、毎日のように活発な議論がなされています。

　また、多くの研修を実施してきました。研修はオープンに行うものと、オンラインサロン会員限定のディープな研修の両方を実施しました。研修の一部はYouTubeでも公開し、刑事弁護の技術を広く伝えようと試みてきました。

　こうした様々な取り組みの中で、幸いにも、第一法規株式会社様より、書籍執筆の機会をいただきました。

　書籍は、これまでの私たちの取り組みを知ってもらえるようなコンセプトにしたいと考えました。

　法廷での経験の少ない新人・若手弁護士には技術を高めてもらい、受験生には実務での考え方を知ってもらう、そんな目的の書籍が書けたらいいと思いました。そこで、学習者にとって難しく感じられる分野であり、その原因が実務をイメージできないところにあるとも思われる、伝聞法則を取り上げることとしました。従来の学習書よりも実務的にすることで、経験の少ない新人・若手弁護士の技術向上にもつながります。

　後藤昭先生にはこうしたコンセプトにご賛同いただき、快く本書の監修をしていただきました。後藤先生は、法科大学院制度が発足して以降、法曹教育に大変熱心に取り組まれてきた先生です。私たち「K-Ben NextGen」にも、後藤先生の薫陶を受けて来た生徒が何人もいます。後藤先生の若手刑事弁護人に対する大きな影響に、この場を借りて、深く御礼申し上げます。

　こうしてできあがった本書のコンセプトは、この後に続く「序論」にて示されます。

iii

はしがき

　若手弁護士にも、学習者にも、意義のある書籍に仕上げたつもりですので、是非お手にとってご覧ください。

　また、私たち「K-Ben NextGen」の活動に興味を持った方は、是非我々のウェブサイトをご覧ください。私たちが開設しているYouTubeや、オンラインサロンの情報をご覧いただけます。

　それでは、本書をお楽しみください！

2024年11月

K-Ben NextGen執筆者一同

凡　　例

1．法令名等の表示について

本文では原則として「刑事訴訟法」は「法」、「刑事訴訟規則」は「規則」と省略
した。条文の数字はアラビア数字に改めた。

2．判例の書誌情報の表示について

判例には、原則として判例情報データベース「D1-Law.com判例体系」（https://
d1l-dh.d1-law.com）の検索項目となる判例IDを〔　〕で記載した。

例：最判昭和36年5月26日刑集15巻5号893頁〔27760708〕

判例出典略語

刑集	最高裁判所刑事判例集
集刑	最高裁判所裁判集刑事
高裁刑集	高等裁判所刑事判例集
高刑判特	高等裁判所刑事判決特報
判タ	判例タイムズ

文献略語

大コンメンタール刑訴法（6）〈第3版〉

中山善房＝古田佑紀＝原田國男＝河村博＝川上拓一＝田野尻猛編『大コンメン
タール刑事訴訟法第6巻（第282条〜第316条）〈第3版〉』青林書院（2022年）

大コンメンタール刑訴法（7）〈第2版〉

河上和雄＝中山善房＝古田佑紀＝原田國男＝河村博＝渡辺咲子編『大コンメン
タール刑事訴訟法第7巻（第316条の2〜第328条）〈第2版〉』青林書院（2012年）

条解刑訴法〈第5版増補版〉

松尾浩也監修・松本時夫＝土本武司編集顧問・池田修＝河村博＝酒巻匡編集代表
『条解刑事訴訟法〈第5版増補版〉』弘文堂（2024年）

v

[目次] **伝聞証拠** との向き合い方と **弁護技術**

はしがき

凡例

序論 ……………………………………………………………………1

Ⅰ　検察官請求証拠編

1　事例………………………………………………………………10

2　甲号証……………………………………………………………18

（1）通常逮捕手続書…………………………………………………18

（2）実況見分調書①　犯行現場の状況……………………………20

　　　コラム　一部同意………………………………………………28

（3）検察官面前調書①　被害者の供述調書………………………29

　　　コラム　司法面接………………………………………………44

（4）実況見分調書②　被害再現状況………………………………48

　　　コラム　再現実況見分調書……………………………………54

（5）検察官面前調書②　被害者家族の供述調書…………………56

　　　コラム　「供述の存在自体の立証」とは……………………61

（6）司法警察員面前調書　障害のため公判廷で証言をすることが

　　　できない可能性のある者の供述調書…………………………64

　　　コラム　証拠弁論………………………………………………73

（7）検察官面前調書③　現在国外にいる者の供述調書…………74

（8）写真撮影報告書…………………………………………………80

　　　コラム　証拠物としての採用…………………………………87

（9）画像解析結果報告書…………………………………………………88

（10）写真撮影報告書……………………………………………………93

（11）診断書………………………………………………………………98

（12）意見書………………………………………………………………101

3　乙号証…………………………………………………………………103

（1）司法警察員面前調書………………………………………………103

　　コラム　被告人質問先行型審理 …………………………………111

（2）上申書………………………………………………………………112

　　コラム　裁判員裁判における任意性の立証 …………………………116

　　コラム　取調べ録音・録画記録媒体の実質証拠としての利用 ……118

（3）検察官面前調書……………………………………………………118

（4）犯罪経歴照会結果報告書…………………………………………122

（5）前科調書……………………………………………………………125

（6）判決書謄本…………………………………………………………128

（7）略式命令謄本………………………………………………………131

（8）戸籍全部事項証明書………………………………………………135

II　弁護人請求証拠編

1　事例……………………………………………………………………142

2　弁号証…………………………………………………………………157

（1）医師作成の精神鑑定書……………………………………………157

　　コラム　裁判員裁判対象事件と非対象事件における鑑定書の
　　　　　　取扱いの違い …………………………………………160

（2）弁護人作成の現場報告書…………………………………………161

（3）警察官作成の犯行現場の視認状況報告書………………………163

　　コラム　公訴事実に争いのない事件における証拠開示の重要性 …165

（4）弁護人作成の計測結果報告書……………………………………166

　　コラム　検証請求の実践例 ……………………………………168

vii

（5）弁護人作成の被告人の経済状況に関連する報告書⋯⋯⋯⋯⋯169

（6）被告人家族が取締役を務める会社の履歴事項全部証明書⋯⋯⋯171

（7）示談書⋯⋯⋯⋯⋯⋯⋯⋯⋯⋯⋯⋯⋯⋯⋯⋯⋯⋯⋯⋯⋯⋯⋯174

　　コラム　示談交渉の進め方 ⋯⋯⋯⋯⋯⋯⋯⋯⋯⋯⋯⋯⋯180

　　コラム　厳格な証明と自由な証明 ⋯⋯⋯⋯⋯⋯⋯⋯⋯181

（8）振込明細書⋯⋯⋯⋯⋯⋯⋯⋯⋯⋯⋯⋯⋯⋯⋯⋯⋯⋯⋯⋯182

　　コラム　示談経過報告書 ⋯⋯⋯⋯⋯⋯⋯⋯⋯⋯⋯⋯⋯184

（9）診断書⋯⋯⋯⋯⋯⋯⋯⋯⋯⋯⋯⋯⋯⋯⋯⋯⋯⋯⋯⋯⋯⋯185

（10）通院証明書⋯⋯⋯⋯⋯⋯⋯⋯⋯⋯⋯⋯⋯⋯⋯⋯⋯⋯⋯⋯188

（11）クリニックのウェブサイトの写し⋯⋯⋯⋯⋯⋯⋯⋯⋯⋯⋯192

　　コラム　作成者以外での代替立証と資料の活用 ⋯⋯⋯⋯194

（12）弁護人作成の報告書⋯⋯⋯⋯⋯⋯⋯⋯⋯⋯⋯⋯⋯⋯⋯⋯195

（13）入院中の被告人家族の陳述書⋯⋯⋯⋯⋯⋯⋯⋯⋯⋯⋯⋯199

（14）被告人の謝罪文（写し）⋯⋯⋯⋯⋯⋯⋯⋯⋯⋯⋯⋯⋯⋯201

（15）被告人作成の日記⋯⋯⋯⋯⋯⋯⋯⋯⋯⋯⋯⋯⋯⋯⋯⋯⋯202

　　コラム　謝罪文・本人作成の日記 ⋯⋯⋯⋯⋯⋯⋯⋯⋯203

（16）『DSM-5-TR 精神疾患の分類と診断の手引』窃盗症の頁⋯⋯⋯204

監修・執筆者一覧

序論

■■■序論■■■

1 本書の目的

　実務に出ると、検察官が証拠調べを請求した証拠について「同意」「不同意」という証拠意見を述べることが日常のルーティンになります。しかし、不同意の意見を述べたときにどのような展開になるのか、非供述証拠や伝聞例外としての請求にどのような対応をするか、弁号証を不同意にされたらどうしたらよいのかという点について、不安を抱える弁護士も少なくないのではないでしょうか。法廷や公判前整理手続で堂々と証拠法の議論をするためには、実務の経験を踏まえた一歩先の伝聞法則の理解が必要になります。一方で、一度司法試験受験のために伝聞法則を学んだ後は、伝聞法則の学習を体系的に行う機会はなくなります。そのため、その後の展開が予測できないことから、つい「全部同意」という意見を述べたくなってしまってはいないでしょうか。

　伝聞法則は、刑事裁判にとって極めて重要なテーマであると同時に、刑事訴訟法の学習にとって、そして司法試験の攻略にとっても極めて重要なテーマです。しかし、司法試験受験生の学習にとって、伝聞法則は理解が難しいテーマの1つとなっています。その理由として、実務の法廷において伝聞証拠がどのような形で問題になるかが理解しにくいまま、抽象的な理論を中心に学習せざるを得ない環境が挙げられるでしょう。理解が難しいようにみえる伝聞法則は、伝聞法則を扱う現場である実際の裁判に目を向ければ一気に理解しやすくなります。

　本書は、これら双方のニーズに応えます。本書の構成は、具体的な模擬設例2例をもとに、個別具体的な証拠について、伝聞法則上の諸問題を考えます。模擬設例のうち1つ目は、傷害事件の否認事件を題材にしています。検察官から請求された証拠について、「不同意」の証拠意見を述べた際にどのような展開が予想されるかを個別具体的に解説します。書証が伝聞例外とし

て請求される場合に現れる問題ばかりでなく、その代替としての証人尋問中に現れる問題も取り扱います。模擬事例のうち2つ目は、公訴事実に争いのない事件を取り上げます。この事例では、情状立証として弁護人が様々な証拠を請求します。弁護人請求証拠に対して検察官が不同意の意見を述べた場合にどのように対応すべきかを、個別具体的に解説します。

　本書は、まず実務で刑事事件に取り組んでいきたい弁護士が、伝聞法則の理解を総復習する機会を手助けします。個別具体的な証拠を取り上げるといっても、実務上問題となる典型的な証拠を取り上げるつもりですので、多くの記述が体系的な理解の総復習に役立つはずです。公判前整理手続や公判において伝聞法則の議論が問題になる場合に、堂々と対応できる知識の取得を目指します。

　次に、本書は受験生にとっても有益な情報提供を目指します。刑事裁判で扱われる事例を題材にしながら、どのような流れで証拠が取り扱われ、どのような場面で伝聞法則が問題になるかを実践的に学びます。これまで抽象的な理解に止まっていた伝聞法則が裁判でどう扱われているかを知ることにより、より深い理解が生まれるでしょう。

　本書が、実践的な伝聞法則の用い方を学ぶ一助になれば幸いです。

　以下、この序論では、具体的な事案に入る前に、具体的な事案における検討の前提となる事項について一通りのおさらいをしておきたいと思います。この序論に記載することは、実務家を中心として既に理解している方も多くいると思われますから、そのような方は読み飛ばしていただいて構いません。

2　伝聞証拠とは

　まず、最も基本的な事項について、おさらいしたいと思います。

　「伝聞証拠」という用語は刑事訴訟法に書かれていませんが、法320条1項は「第321条乃至第328条に規定する場合を除いては、公判期日における供述に代えて書面を証拠とし、又は公判期日外における他の者の供述を内容とする供述を証拠とすることはできない。」と定めており、これが伝聞法則を定めたものであると理解されています。

序論

　ここで禁じられる証拠は供述代用書面及び公判期日における他の者の供述を内容とする供述ですが、要するに、公判における供述に代えて用いられる公判外供述を指すと理解するのがよいでしょう[1]。このような制限の趣旨ですが、公判外の供述を公判供述の代わりに用いると、公判外の供述をした者に反対尋問をすることができず、当該供述に含まれた知覚・記憶・叙述等の誤りに気づきにくくなってしまいます。その結果、公判外供述が実際以上にもっともらしく聞こえてしまい、事実認定を誤らせるおそれが大きくなります。もちろん公判外供述が事実認定との関係で全く関連性がないとはいえませんが、こうした弊害に照らして、あらかじめ、類型的に、公判外供述を公判供述の代わりに用いる証拠の証拠能力を否定しようとしたのが伝聞法則であると説明されます[2]。

　このような趣旨からすると、公判外の発言であっても、それがそもそも何らかの事実の存否を語るものではない場合（例えば、「被害者は犯人を『おい』と怒鳴りつけていました」という証言の中の『おい』の部分）や、事実の存否を語るものであっても、証明しようとする事実との関係で当該事実の存否は問題とならず、発言それ自体の存否が問題となる場合（例えば恐喝事件で「犯人は被害者に『俺はヤクザとつながりがあるんだ』と話していました」という証言の中の『俺はヤクザとつながりがあるんだ』という部分）には、上記のような弊害を考えなくても問題ありません。したがって、伝聞証拠は、公判外の供述のうち、証明しようとする事実との関係で、当該供述の内容どおりの事実を推認する用途で用いられる供述を指すものと解すべきです[3]。

　このようにみてくると、ある公判外供述が伝聞証拠であるかどうかを判別するためには、証明しようとする事実が何であるかを考えることが重要にな

1　後藤昭『伝聞法則に強くなる〈第 2 版〉』日本評論社（2023年） 2 頁。
2　田宮裕『刑事訴訟法〈新版〉』有斐閣（1996年）367頁以下、田口守一『刑事訴訟法〈第 7 版〉』弘文堂（2017年）421頁以下、前掲注 1 ・後藤 5 頁。
3　前掲注 1 ・後藤15頁。なお、同書は人がある事実の存否という情報を伝えようとする言語的な表現を「供述」であると整理し、当該供述の内容どおりの事実を推認する用途で用いられる「供述」の利用を「供述証拠」としての利用であると定義する。そして、公判外供述を供述証拠として使う場合が「伝聞証拠」であると定義している。

4

ります。この証明しようとする事実を、講学上、「要証事実」ということが多いので、本書もこれに倣いたいと思います。要証事実は、証拠から一義的に決まるものではなく、訴訟における争点やその証拠の文脈によって様々なものが想定できます。要証事実がいくつか想定できる場合に、ある要証事実を推論するためには当該証拠が伝聞証拠であり、別の要証事実を推論するためには当該証拠は伝聞証拠ではない、ということがあり得ます。訴訟の文脈に照らし、どのような推論が期待されているかという推論過程を分析的に検討することが肝要です。

3 実務の法廷における伝聞証拠の現れ方

　伝聞法則があることから、訴訟においては直接の証人尋問が中心で、公判外供述を内容とする書面はあまり使われないのではないかと想像する方（主に受験生でしょうか）もいらっしゃるかも知れません。しかし、むしろ実務で取り扱われる証拠は証拠書類が中心といってもよいほど、供述代用書面がたくさん用いられています。

　もちろん供述代用書面は原則として証拠能力がありませんが、検察官がまず供述代用書面を証拠書類として証拠調べを請求し、弁護人には法326条に基づく同意をするかどうかを述べる機会が与えられます。同条は、条文の構造上は伝聞例外の一部ですが、実務では最初に同意の有無が問われるわけです。検察官が証拠調べを請求する証拠は、実務上、「甲号証」「乙号証」に分類されます。被告人の供述を内容とする証拠や被告人の前科などに関する証拠が「乙号証」、それ以外が「甲号証」です。証拠ごとに「甲1号証」「甲2号証」……「乙1号証」「乙2号証」……と番号が振られます。弁護人は、それぞれの証拠について、個別に「同意」「不同意」という意見を述べなければなりません。ここで、弁護人が当該証拠書類の証拠調請求について「同意」すると、同条の伝聞例外によって、当該証拠書類が証拠能力を持ち、裁判所の決定を経て取り調べられることとなります。

　検察官は、この証拠調請求の際に、証拠の「立証趣旨」を明らかにする必要があります。この立証趣旨は、上述の「要証事実」を知る手がかりになる

序論

場合があり、弁護人はよく確認すべきです。しかし、立証趣旨と要証事実は必ずしもイコールではありません。というのも、立証趣旨は「犯行状況」「犯行目撃状況」「被害状況」「犯行現場の状況」など、かなり抽象的に書かれているのが普通だからです。要証事実は、これよりももっと具体的で、公判外供述のどの部分が、どのような事実を推認するために用いられるのかを具体的に検討しなければ、判明しません。弁護人は、証拠書類に同意するか否かを考える時点で、当該証拠の要証事実が何であるかを考える必要がありますし、同意しない場合に予定される検察官の立証と対峙する場面でも、当該証拠の要証事実が何であるかを考える必要があることとなります。

弁護人が同条の同意をしない場合は、法320条1項の原則に立ち返って、当該証拠書類は原則として証拠能力を持たないこととなります。本書では、このように訴訟当事者が証拠書類の取調べに同意しない場合を出発点とします。「Ⅰ　検察官請求証拠編」では弁護人が検察官の請求した証拠書類の取調べに同意しない場合を、「Ⅱ　弁護人請求証拠編」では検察官が弁護人の請求した証拠書類の取調べに同意しない場合を扱います。訴訟当事者が証拠書類の取調べに同意しない場合、その後何が起こるのか、弁護人としてどのように対応すべきか、という議論を展開していきます。

4　ケージェネYouTubeチャンネル

本書の執筆者らが運営する「K-Ben NextGen」では、弁護士や受験生に役立つYouTubeチャンネルを運営しております。このYouTubeチャンネルのコンテンツとして「伝聞法則を極めるゼミ」というシリーズがあり、後藤昭『伝聞法則に強くなる』日本評論社（初版2019年、第2版2023年）を題材として伝聞法則を解説しています[4]。

そのほか、弁護技術の研修動画や判例研究の動画も配信しておりますので、ご興味のある方はチャンネル登録いただければ幸いです。

動画一覧は、以下の2次元コードよりアクセスできます（K-Ben NextGen

4　本コンテンツの企画に際して、同書の出版社及び著者から書籍使用の許諾をいただいた。改めて感謝申し上げる。

のウェブサイトに接続されます)。ぜひご覧ください。

I

検察官請求証拠編

Ⅰ　検察官請求証拠編

1. 事例

【起訴状】

令和５年検第○号

起　訴　状

令和５年７月21日

東京地方裁判所　殿

東京地方検察庁

検察官　検事　桜日　京子　㊞

下記被告事件につき公訴を提起する。

記

本籍　福岡県北九州市Ａ区Ｂ一丁目４番１号
住居　東京都中野区Ｃ町一丁目２番３号
職業　無職

勾留中

甲　山　太　郎
昭和59年１月20日生

公　訴　事　実

被告人は、令和５年６月８日午後６時20分頃、東京都中野区Ｃ町一丁目２番３号所在の被告人方２階踊り場付近において、甲山花子（当時12歳）に対し、その頬を右手手の平で叩く暴行を加え、同女を転倒させて同所１階部分に続く階段下へ転落させ、全治２日間を要する脳震盪症、加療約６週間を要する右足腓骨骨折及び左足中足骨骨折、全治約１週間を要する顔面打撲傷の傷害を負わせたものである。

罪　名　及　び　罰　条

傷害　　刑法第204条

10

【争いのない事実】

被告人は、1984年（昭和59年）生まれの39歳である。被告人は、妻である甲山ちあき（37歳）、その子である甲山花子と3人暮らしである。

被告人とちあきとは2020年（令和2年）に結婚した。花子は、ちあきと前夫との子である。被告人の自宅は、3階建ての一軒家であり、玄関を入り、2階に続く階段を上がるとリビング・ダイニング・キッチンがある。

花子は小学生6年生であり、放課後は塾に通っている。事件当日、花子は、いつもどおり午後6時頃に塾から帰宅した。花子の帰宅時、被告人は自宅で食事をつくっており、ちあきはまだ帰宅していなかった。ちあきは、午後6時25分頃、帰宅した。ちあきは、1階の階段下付近で花子がぐったりしている様子で会話もままならない状態であったことから、救急車を呼び、花子は救急搬送された。

【依頼者からの聴取内容】

1 　私は、花子の顔を叩いたりしていません。花子は、私と口論になった際に、勝手に階段を転げ落ちていったのです。

　　私は無実です。

2 　私は、2020年（令和2年）11月6日に妻のちあきと結婚し、ちあきの連れ子である花子と家族3人で生活してきました。

　　花子は、私にちあきをとられたくないと思っているのか、私にあまりなつきませんでした。とはいえ、私にとっては、実の娘同然に思っており、これまで愛情をもって育ててきました。

　　ただし、私はアルコールが入ると少し感情的になってしまうことがあり、花子と口論になった際、カっとなって手が出てしまったことはあります。

3 　2023年（令和5年）6月8日の日は、私が昼頃から酒を飲んでおり、花子はそんな私のことが嫌だったのだと思います。

　　詳しいきっかけは忘れてしまいましたが、花子が私のことを馬鹿にしたようなことを言ったので、2階の踊り場の辺りで口論になりました。

　　口論の際、花子が私の胸あたりを両手で押してきました。そして、花子

は、私の胸あたりを手で押した拍子に後方にのけぞるようにして転倒してしまい、1階まで転げ落ちていってしまったのです。

　私は、すぐに花子の側に駆け寄りましたが、花子は意識を失っていましたので、そのまま少し様子を見ていました。すると、午後6時25分頃、ちあきが帰宅しました。ちあきは、花子がぐったりした様子だったことに驚き、すぐに119番通報しました。

　その後、救急車が到着しましたが、救急隊員の方には花子が自分で転倒したと説明しています。

4　その後、花子が運び込まれた病院から児童相談所に虐待の可能性があるという連絡があったようで、2023年（令和5年）6月20日頃、児童相談所から通報を受けた警察から事情を聞かれることになりました。

　このとき、事情聴取を担当した警察官には、花子が勝手に転倒したという話を説明しましたが、警察官は一向に信じてくれず、「お前が顔を叩いたのだろう」「花子の顔には叩かれた跡が残っていたぞ」「このまま否認していると実刑は間違いない」「暴力を振るったことを認めさえすれば、不起訴かせいぜい略式罰金で終わる」「花子も児童相談所から自宅に帰りたがっている」「花子やちあきのためにも早く認めたらどうか」などと繰り返し言ってきました。

　私は、やってもいないことを認めたくはありませんでしたが、花子を一刻も早く自宅に戻してあげたいという気持ちが強かったため、顔を叩いたことを認める内容の文書をその場で書きました。この文書に書かれている内容は、取調べを担当した警察官が言うとおりに書いたもので、私が自分で考えた内容ではありません。この文書を書いた10日後の6月30日に私は逮捕されてしまいました。

5　逮捕後は、花子に暴力を振るったことは否認していましたし、先生が国選弁護人に選任されてからは黙秘していましたので供述調書は作成していません。なお、逮捕されてからは、先生が取調べの録音・録画の申入れをしてくれたおかげで、取調べの録音・録画がされていますが、令和5年6月20日の任意取調べの時には録音・録画はされていなかったと思います。

【検察官請求証拠】

検察官請求証拠は次のとおりです。なお、これは「証拠等関係カード」と呼ばれるもので、証拠の標目と立証趣旨などを一覧にして整理するために、実務上使われています。

請求者等 検察官							令和5年（刑わ）第○号		

証 拠 等 関 係 カ ー ド （甲） （No. 1 ）

（このカードは，公判期日，公判前整理手続期日又は期日間整理手続期日においてされた事項については，各期日の調書と一体となるものである。）

番号 標 目 〔供述者・作成年月日，住居・尋問時間等〕 立 証 趣 旨 （公 訴 事 実 の 別）	請求 期日	意 見		結 果			備 考
		期日	内 容	期日	内 容	取調順序	編てつ箇所
1　通連　（員）赤木竜平　〔　　　　5.6.30〕　被告人の逮捕状況等　（　　　　　　　　）							
2　実　（員）赤木竜平　〔　　　　5.6.20〕　犯行現場の状況等　（　　　　　　　　）							
3　検　甲山花子　〔　　　　5.7.18〕　被害状況等　（　　　　　　　　）							
4　実　（員）天林美樹　〔　　　　5.6.15〕　被害再現状況　（　　　　　　　）							
5　検　甲山ちあき　〔　　　　5.7.18〕　被告人との生活状況、被害告白の状況等　（　　　　　　　）							

（被告人一名用）

（被告人　甲山太郎）

Ⅰ　検察官請求証拠編

請求者等　検察官								令和5年（刑わ）第○号	
証　拠　等　関　係　カ　ー　ド　（甲）									(No. 2)
(このカードは，公判期日，公判前整理手続期日又は期日間整理手続期日においてされた事項については，各期日の調書と一体となるものである。)									
番号		請求	意　見		結　果			備　考	
標　　　目 〔供述者・作成年月日，住居・尋問時間等〕		期	期	内　容	期	内　容	取調順序		
立　証　趣　旨 （公　訴　事　実　の　別）		日	日		日			編てつ箇所	
6	員								
須田優									
〔　　　　　　　　　5.7.17 〕									
被告人が甲山花子に日常的に暴力を振るっていた状況等									
（　　　　　　　　　　　）									
7	検								
モルーマモトヤマ									
〔　　　　　　　　　5.7.14 〕									
事件当日に被告人方から罵声や転落音が聞こえた状況等									
（　　　　　　　　　　　）									
8	写報								
（員）瀬川正雄									
〔　　　　　　　　　5.6.16 〕									
被害者と被告人，友人とのメッセージアプリの内容等									
（　　　　　　　　　　　）									
9	報								
（員）瀬川正雄									
〔　　　　　　　　　5.6.15 〕									
事件前日及び当日の被告人の行動等									
（　　　　　　　　　　　）									
10	写報								
（員）戸田史子									
〔　　　　　　　　　5.6.9 〕									
被害者の負傷状況等									
（　　　　　　　　　　　）									

（被告人　甲山太郎　）

14

1. 事例

請求者等 検 察 官						令和5年（刑わ）第○号		

証 拠 等 関 係 カ ー ド （甲） (No. 3)

（このカードは，公判期日，公判前整理手続期日又は期日間整理手続期日においてされた事項については，各期日の調書と一体となるものである。）

番号		請求	意　見		結　果			備　考
標　　目〔供述者・作成年月日，住居・尋問時間等〕		期日	期日	内　容	期日	内　容	取調順序	
立　証　趣　旨（公　訴　事　実　の　別）								編てつ箇所
11 診								
医療法人社団誠和会茅場中央病院　多田道夫〔　　　　　　5.6.12〕								
被告人が甲山花子に日常的に暴力を振るっていた状況等（　　　　　　　　　）								
12 意								
法医学者　松本浩太郎〔　　　　　　5.7.14〕								
被害者の受傷機転等（　　　　　　　　　）								
〔　　　　　　　　〕								
（　　　　　　　　）								
〔　　　　　　　　〕								
（　　　　　　　　）								
（　　　）〔　　　　　　　　〕								
（　　　　　　　　）								

（被告人　甲山太郎　）

I　検察官請求証拠編

請求者等　検察官							令和5年（刑わ）第○号	

証 拠 等 関 係 カ ー ド （乙）　（No. 1 ）

（このカードは，公判期日，公判前整理手続期日又は期日間整理手続期日においてされた事項については，各期日の調書と一体となるものである。）

番号　標　　目〔供述者・作成年月日，住居・尋問時間等〕　立 証 趣 旨（公 訴 事 実 の 別）	請求期日	意　見		結　果		取調順序	備　考編てつ箇所
		期日	内　容	期日	内　容		
1　員 （被） 〔　　　　　　5.6.30〕 被告人の身上・経歴等 （　　　　　　　　）							
2　上 （被） 〔　　　　　　5.6.20〕 被告人の弁解内容等 （　　　　　　　　）							
3　検 （被） 〔　　　　　　5.7.1〕 被告人の弁解内容等 （　　　　　　　　）							
4　犯歴 （員）佐々木啓介 〔　　　　　　5.6.16〕 被告人の前歴関係 （　　　　　　　　）							
5　前科 （事）吉田恭平 〔　　　　　　5.7.1〕 被告人の前科関係 （　　　　　　　　）							

（被告人一名用）

（被告人　甲山太郎）

1. 事例

請求者等　検察官						令和5年（刑わ）第○号		
証　拠　等　関　係　カ　ー　ド　（乙）								（No. 2 ）
（このカードは，公判期日，公判前整理手続期日又は期日間整理手続期日においてされた事項については，各期日の調書と一体となるものである。）								

番号		請求	意　見		結　果		取調	備　考
標　　　目 〔供述者・作成年月日，住居・尋問時間等〕		期	期	内　容	期	内　容	調順	
立　証　趣　旨 （公　訴　事　実　の　別）		日	日		日		序	編てつ箇所
6	判							
郡山静子								
〔　　　　　1.5.22 〕								
被告人の前科の内容								
（　　　　　　　　　）								
7	略							
小林倫太郎								
〔　　　　　23.12.27 〕								
被告人の前科の内容								
（　　　　　　　　　）								
8	戸							
福岡県北九州市A区長								
〔　　　　　5.6.16 〕								
身上関係								
（　　　　　　　　　）								
9								
〔　　　　　　　　　〕								
（　　　　　　　　　）								
10								
〔　　　　　　　　　〕								
（　　　　　　　　　）								

（被告人　甲山太郎　）

I　検察官請求証拠編

2．甲号証

（1）通常逮捕手続書

甲１号証：通常逮捕手続書

立証趣旨：被告人の逮捕状況等

作 成 日：令和５年６月30日

作 成 者：司法警察員　赤木竜平

通常逮捕手続書（甲）

　　下記被疑者に対する　傷害　被疑事件につき、令和５年６月29日付東京地方裁判所裁判官　安西直行　の発した逮捕状を被疑者に示して逮捕した手続は、次のとおりである。

記

1　被疑者の住所、職業、氏名、年齢

　　住所　東京都中野区Ｃ町一丁目２番３号

　　職業　無職

　　氏名　甲山　太郎（こうやま　たろう）

　　昭和59年１月20日（39歳）

2　逮捕の年月日時

　　令和５年６月30日　午前７時15分

3　逮捕の場所

　　東京都中野区Ｃ町一丁目２番３号被疑者方

4　逮捕時の状況

　　上記日時場所において、当職は被疑者に対し、逮捕状を示して逮捕する旨申し向けたところ、被疑者は酒に酔った様子で「ちょっと押されたくらいのことだろう！」などとまくし立てながら、逮捕に抵抗したため、当職と同行していた青木浩太郎巡査部長とともに制圧し、手錠をかけて逮捕した。

5　証拠資料の有無

　　無

2. 甲号証 （1）通常逮捕手続書

　　本職は、令和5年6月30日午前8時45分、被疑者を西警察署司法警察員に
引致した。
　　上記引致の日

　　　　　　　　警視庁西警察署　司法警察員巡査部長　赤木竜平　㊞

　　本職は、令和5年7月1日午前9時15分、被疑者を関係書類等とともに、
東京地方検察庁検察官に送致する手続をした。
　　上記送致の日

　　　　　　　　警視庁西警察署　司法警察員警部補　中山蒼太　㊞

【解　説】

　逮捕の経過を示すために、逮捕手続書が請求される場合があります。現行
犯逮捕の事件などでは、犯行場所や犯行時間の立証のために請求されること
が多いです。また、通常逮捕手続書も、逮捕の経過を示すために請求される
場合があります。

　甲1号証に不同意意見を述べた場合、原則として、警察官赤木竜平の証人
尋問を行って、甲1号証の内容を立証しようとすることとなります。もっと
も、本件は通常逮捕の手続経過に大きな意味はなく、通常逮捕手続書は、不
同意のあと撤回される可能性もあるといえるでしょう。ただし、本件では、
逮捕の状況それ自体に意味がなくても、「逮捕時の状況」欄にある被告人の
発言を顕出するために、赤木警察官の証人尋問を請求する可能性があります。

　被告人の発言は、「ちょっと押された」というもので、検察官の立証命題
とは異なりますが、被告人が有形力の行使を一部認めるかのような内容に
なっています（もちろん、被告人の供述を前提としても、接触して押された
ことを「押された」と表現しているという評価は可能ですが、証明力の問題
です）。

　この被告人の発言は、赤木警察官の証人尋問の中で赤木警察官の又聞きの
供述となって法廷に現れることとなります。したがって、弁護人は、伝聞の
異議を検討しなければなりません。

　しかし、この被告人の発言は、少なくとも押したという限度で暴行を自認

19

Ⅰ　検察官請求証拠編

するもので、被告人に不利益な供述であるため法324条１項及び322条１項前段によって採用され得ます。実際に異議を出した場合の法廷でのやりとりは、以下のようになる可能性が高いと思われます。

《赤木竜平の尋問例》

（検察官）逮捕状の被疑事実を読み上げると、何が起きましたか。

（証　人）突然被告人が怒鳴りだして、「ちょっと押されたくらいのことだろう！」などとわめき散らしておりました。

（弁護人）異議があります。ただいまの供述は伝聞供述ですので、証拠から排除を申し立てます。

（裁判長）検察官、ご意見は。

（検察官）伝聞証言ですが、刑事訴訟法324条１項と322条１項の要件を満たしております。

（裁判長）異議は棄却します。

（２）実況見分調書①　犯行現場の状況

甲２号証：実況見分調書

立証趣旨：犯行現場の状況等

作 成 日：令和５年６月20日

作 成 者：司法警察員　赤木竜平

実況見分調書

令和５年６月20日

警視庁西警察署

司法警察員　巡査部長　赤木竜平　㊞

　被疑者　甲山太郎　に対する　傷害　被疑事件につき、本職は、下記のとおり実況見分をした。

記

2. 甲号証 （2）実況見分調書① 犯行現場の状況

1　実況見分の日時
　　令和5年6月20日午後1時から午後2時30分まで
2　実況見分の場所、身体又は物
　　東京都中野区C町一丁目2番3号被疑者方
3　実況見分の目的
　　犯行現場の状況を明らかにするため。
4　実況見分の立会人（住居、職業、氏名、年齢）
　（1）住所　東京都中野区C町一丁目2番3号
　　　　職業　会社員
　　　　氏名　甲山ちあき
　　　　年齢　37歳（昭和61年2月2日生）
　（2）住所　東京都中野区C町一丁目2番3号
　　　　職業　小学生
　　　　氏名　甲山花子
　　　　年齢　12歳（平成23年5月25日生）
5　実況見分の経過
　　別紙記載のとおり。

（別紙）省略

※実況見分調書には、被告人方の状況を撮影した写真が複数枚添付され、その写真と台紙の間にまたがるように赤木竜平の印鑑が押されている。また、被告人方の間取りについては、計測した結果を基に平面図がつくられ、1階、2階及びその間の階段の様子が「現場見取図」として添付されている。実況見分は花子及びちあきの立会いのもとで行われているが、現場2階階段からリビングに出たところで、花子の「私は、ここでお父さんに殴られました」という発言の記述とともに、その地点を花子が指さしている写真がある（写真①）。また、現場1階から2階に続く階段の下部で「私が帰ってきたとき、花子がここに横たわっていました」という発言の記述とともに、ちあきがその地点を指さしている写真（省略）がある。現場見取図には、これら花子やちあきが指さした時点につき、バツ印がつけられ「被害者が甲山太郎に殴られた位置」「ちあきが花子を発見した時の花子の位置」などと記載されている。花子及びちあきの署名押印はない。

Ⅰ　検察官請求証拠編

写真①

立会人甲山花子が「私は、ここでお父さんに殴られました」として、被害に遭った地点を指示している状況

【解　説】

　実況見分とは、捜査機関（警察官がほとんどです）が、いわゆる五官の作用によって身体・物・場所などの存在、性状を認識して記録する任意捜査です。強制捜査である検証（法218条1項）と同じ目的を任意捜査で達しようとするものです。

　実況見分の結果は、一般に、「実況見分調書」という書面にまとめられます（犯罪捜査規範104条2項）。もっとも、講学上の「実況見分」に当たると考えられる捜査であっても、「写真撮影報告書」や「被害場所確認報告書」、「複写報告書」といったタイトルの書類がつくられることもあります。例えば被害者の身体を写真撮影し、写真を添付しながら結果を報告する書類は実況見分調書と同じ性質を持ちますが、「写真撮影報告書」というタイトルがついているのが通常です。伝聞例外等などの証拠法上の問題を考える際にも、書類のタイトルではなく、書類の実質を検討することが肝要です。

2. 甲号証 （2）実況見分調書① 犯行現場の状況

　実況見分調書は、実況見分の結果を正確に記載するもので、図面や写真を添付し、その説明を付記するなどしてわかりやすくまとめられたものです（犯罪捜査規範104条2項ないし4項）。実際は、まず表紙に、作成者や作成日付、実況見分の日時場所、天候、立会人、見分の目的等が記載されます。そして、行われた見分に沿う現場見取図や写真が添付されています。現場見取図には計測した距離などが付されていますし、写真にはどのような場所からどのような方向を撮影した写真なのかの説明が付されています。写真や見取図には捜査官の説明が付されるほか、立会人がした説明が記載されることがあります。通常、こうした記載には立会人の署名押印はなく、作成した捜査官の記述として「立会人は、このように指示説明した」と書かれています。

　さて、実況見分は捜査機関が任意捜査として行うものですが、強制処分である検証の結果を記載した検証調書と同様、法321条3項の伝聞例外で採用することができるという判例があります（最判昭和36年5月26日刑集15巻5号893頁〔27760708〕）。この判例は強固であり、実務もこの解釈に基づいて運用されているといってよいでしょう。したがって、本件における甲2号証の実況見分調書も、作成者である赤木竜平が公判期日において真正に作成されたものであることを供述したときは証拠能力を持つこととなります（法321条3項）。

　ここにいう真正作成供述とは、単に調書の作成名義が真正であることばかりでなく、書面の記載内容が検証の結果と合致するという記載内容の真正及び検証内容の正確性についても証人尋問を受けることをいうものと解されます[1]。真正作成供述のために呼ばれた捜査官がどこまで話すかは事案次第ですが、当該警察官が実況見分に携わったこと、正確に計測したこと、計測結果を正確に書面にまとめたこと程度の供述をして、短時間で主尋問が終わる場合もあります。

　甲2号証に不同意意見を述べた場合、以上のような理解に基づいて、検察官は実況見分調書を作成した警察官赤木竜平を証人尋問請求することとなり

1　大コンメンタール刑訴法（7）〈第2版〉621頁、田宮裕『刑事訴訟法〈新版〉』有斐閣（1996年）383頁等。

I 検察官請求証拠編

ます。

《赤木竜平の尋問例》

（検察官）証人は、被告人宅でどのような捜査に携わりましたか。

（証　人）実況見分を執り行いました。

（検察官）どんなことをしましたか。

（証　人）被告人宅の写真を撮ったり、現場においてメジャーなどを使った計測を行いました。

（検察官）写真撮影や計測の正確性はいかがですか。

（証　人）はい、当職と数名で確認しながらやりましたので、正確です。

（検察官）写真撮影や計測の結果は、その後どうしましたか。

（証　人）はい。現場では写真とメモをとっておいて、それを元に警察署に帰って実況見分調書を作成しました。

（検察官）実況見分調書はどのようにしてつくりましたか。

（証　人）実況見分の日時等の基本的事項を書き、写真を貼付したり、見取図をつけたりしてつくりました。

（検察官）実況見分の結果は正確に反映されていますか。

（証　人）はい。

（検察官）実況見分調書については、その後証人が署名押印をしましたね。

（証　人）はい。

（検察官）（甲2号証の表紙を示す）これは証人の署名押印ですね。

（証　人）はい、間違いありません。

　弁護人は、具体的な計測や写真撮影の内容についての弾劾や、実況見分時において発見されているはずの被告人に有利な事実等の獲得などを志向して、これを反対尋問において尋問することとなります。本件においても、現場における計測や写真撮影について疑問があるときにはそれを反対尋問で顕出すべきです。

　ただ、甲2号証の実況見分調書には、そのほかにも問題点があります。花

24

2. 甲号証 （2）実況見分調書① 犯行現場の状況

子とちあきの発言です。被告人が、花子を殴ったという事実を争っている以上、特に花子の「私は、ここでお父さんに殴られました」という発言が記載された部分については問題です。

ここで、前掲昭和36年最判〔27760708〕は、立会人の発言部分につき警察官の真正作成供述のみで採用できることを明らかにしています。しかし、同最判が「指示説明に基く見分の結果を記載した実況見分調書を刑訴321条3項所定の書面として採証するに外ならず、立会人たる被疑者又は被疑者以外の者の供述記載自体を採証するわけではない」としているとおり、同項に基づく採用は無限定ではなく、供述自体を採証する場合は別論であると解されるところです。

これは「現場指示」と「現場供述」という区別で行われることがあります。犯罪捜査規範105条は、指示説明を求めた場合でも「指示説明」の範囲を超えて記載することがないように注意するよう規定し（犯罪捜査規範105条1項）、これを超えて「供述」を記載する場合は取調べの規律によるべきであることが規定されています（犯罪捜査規範105条2項）。しかし、現場指示であるか、現場供述であるかは、その発言の記述からは直ちに判明しません。例えば本件における「私は、ここでお父さんに殴られました」という記述がどちらであるかは、この発言内容自体からは両者いずれにも解釈できます。

そこで、法321条3項の要件を充足することで採用できる発言の記載であるか否かは、その発言内容が、現場の実況見分の契機として利用されたにすぎない発言として用いられるのか、それともその発言の内容となる事実を推論する供述として利用する場合であるかによって解釈すべきです[2]。同項が検証調書について真正作成供述のみで伝聞例外としての証拠能力を認めるのは、五官の作用による観察には記憶を介さないため誤りが混入しにくく、また、写真や図面等による方がわかりやすいからです。人の記憶に基づく供述内容を採取するのは取調べであり、検証や実況見分とは性質が異なります。

そこで、立会人の発言を、その発言内容のとおりの事実があったことの証

---

2 後藤昭『伝聞法則に強くなる〈第2版〉』日本評論社（2023年）103頁。

25

Ⅰ 検察官請求証拠編

拠として利用される危険がある場合には、証人尋問中も異議を述べるべきです。

《赤木竜平の尋問例》

（検察官）階段をすぐ上がったところの計測について聞きます。そこで花子さんは何があったと言っていたのでしょうか。

（弁護人）異議があります。伝聞供述を求める質問です。

（裁判長）ご意見は。

（検察官）当該場所計測の契機を尋ねるものであって、供述内容が真実であることを立証しようとするものではないので、伝聞ではありません。

（裁判長）そうですね。弁護人のご懸念については、その点異議をとどめられたことを記録に残すようにします。尋問を続けて構いませんが、聞き方は工夫してください。

（検察官）証人は、次に何をしましたか。

（証　人）階段からリビングに上がったところの様子を確かめ、階段からの距離等を計測しました。

（検察官）なぜでしょうか。

（証　人）花子さんがそこでお父さんに殴られたと言っていたからです。

　この尋問例では、まず検察官が花子の発言を確認する質問を検察官がしたため、伝聞供述を求める質問として弁護人が異議を述べました。既に開示されている実況見分調書から、罪体に関する供述、つまり花子がお父さんから殴られたと言っていたことが語られる可能性が高いと考えられるからです。花子の供述は法廷外供述であり、法324条2項、321条1項3号の要件は満たしませんから、罪体に関する供述が、供述したとおりの内容を推認させる根拠として用いられるならば、証拠能力はありません。弁護人は、これから語られる「ここで殴られたのです」という発言から「殴られた」という事実を推論されるおそれがあるとして、伝聞の異議を述べたということになります。

26

しかし、当該供述が実況見分の契機を述べられたという限度では、立会人の発言部分についても証拠能力を持ちます（前掲昭和36年最判〔27760708〕）。検察官は、その限度での証言を求めるものであるとして異議に対する反論をしました。要するに、検察官としては、花子が「殴られたのはここです」といったから「ここ」を見分した、という限度でしか花子の発言は意味を持たないと言いたかったということになります。

裁判長は、これらのやりとりに対して、まず弁護人の異議をとどめたことを記録に残す、と発言しました。これは、一般的には、弁護人から異議があったので、弁護人が心配するような伝聞供述としての利用はしないということの表明であるといえます（もちろん、こうした異議を述べたにもかかわらず事実認定で伝聞証拠として利用される事案がないわけではないですが、当然、そのような証拠利用は控訴理由としての訴訟手続の法令違反（法379条）となります）。他方、検察官の尋問の続行を認めたのは、実況見分の経過を説明するうえでの指示説明にとどまる限度では花子の発言が法廷に現れても証拠能力に問題はありませんので、その限度で尋問の続行を求めたということになります。

裁判所は「聞き方を工夫してください」と言って、検察官は尋問の方法を少し修正しました。これは、いきなり花子の発言を尋問するのではなくて、実況見分の経過として花子の発言を利用しているのだということをよりわかりやすくした尋問をしようとしたということになります。

また、こうした配慮は、証人尋問請求が終わったあとの伝聞例外の請求に対しても必要です。

（裁判長）証人尋問が終わりましたが、甲２号証についてはどうされますか。
（検察官）刑事訴訟法321条３項に基づいて請求します。
（裁判長）弁護人の証拠意見はいかがでしょう。
（弁護人）一部異議がございます。甲２号証には、花子とちあきの発言部分がありますが、この部分は刑事訴訟法321条３項によっては採用できないと思われますので、取調べには異議があります。そ

I　検察官請求証拠編

の余は異議ありません。

（裁判長）そうしたら提示を命じます。

（検察官は甲2号証を裁判官に渡し、裁判官は甲2号証の記載内容を確認したうえで検察官に返却する）

弁護人のおっしゃることはわかりますが、指示説明としては意味がありますので、その限度で利用するという前提で甲2号証は採用します。

　なお、こうした実況見分調書中の発言は、その部分だけ不同意にするという方法もあります。弁護人としては余計な情報が法廷に現れるのを防ぐというメリットがあり、検察官としても警察官の証人尋問の手間が省けるため、成立しやすい交渉といえます。実況見分の状況等について反対尋問すべき事項がなければ、検討してもよいように思われます。

コラム　一部同意

　法326条の「同意」は、証拠ごとに行うだけでなく、証拠の一部について同意するということも可能です（以下、「一部同意」といいます）。証拠の中には、内容の一部に問題があるがそのほかは問題なく、その問題ない部分だけが出てくるというだけであれば反対尋問の必要がないという証拠があります。上述した、実況見分調書中の立会人の発言部分と、図面や写真部分の対比がその典型的な一例です。このような場合には、問題のある部分のみを不同意として、その余の部分は同意するという一部同意の意見を述べることが考えられます。

　一部同意の意見があった場合、検察官は同意部分については抄本として採用を求め、弁護人の同意に基づき同意部分が採用されることとなります。その後の検察官の対応は大きく分けて2つあります。1つ目は、不同意部分の立証を人証によって行おうとする対応です。不同

28

意部分の内容が検察官の立証上欠かせないと考える場合には、この対応になります。もう1つは、不同意部分の立証を諦め、不同意部分については撤回するという対応です。検察官がどのような対応をするかは、証拠の内容によります。

　この一部同意の意見ですが、弁護側にメリットがなければ、基本的には用いるべきではありません。例えば、上記の例では、検察官が不同意部分を撤回すれば立会人の発言部分が全く法廷に顕出されなくなるというメリットがありますので、一部同意を検討してもよいように思われます。他方で、例えば罪体を争っている事件における被害者とされている者や目撃者とされている者の供述調書について、「争いのない部分は一部同意する」というような方針をとることは望ましくありません。このような場合には、いずれにしても核心部分は不同意にすることになるため、必ず証人尋問の実施が試みられることとなりますので、弁護人にとって利がありません。この場合の一部同意の意見は、争いのないかにみえる部分について敵対証人がきちんと話せるかどうかを見極める機会を失わせ、反対尋問のヒントを失い、結果として検察官の立証をアシストするだけになってしまいます。

　一部同意の意見は、一部同意の意見を述べることが適切かどうかを見極めて行うべきで、漫然と述べてはいけません。

（3）検察官面前調書①　被害者の供述調書

甲3号証：甲山花子の検察官面前調書

立証趣旨：被害状況等

作 成 日：令和5年7月18日

作 成 者：検察官　桜日京子

供 述 者：甲山花子

Ⅰ　検察官請求証拠編

供　述　調　書

本籍
住居
職業　小学生

氏名　甲山　花子（こうやま　はなこ）
平成23年５月25日生（12歳）

　上記の者は令和５年７月18日、東京地方検察庁において、本職に対し、任意次のとおり供述した。

１　私は、今、小学校６年生です。
　私は、お母さんと、お父さんの３人で暮らしています。お父さんというのは、今回私を殴った甲山太郎のことをいいます。私の本当のお父さんは、今一緒に住んでいるお父さんとは違います。私のお母さんは、私の本当のお父さんと、私が小さい頃に別れたと聞いています。お母さんは、私が小学校３年生か４年生くらいのとき、今一緒に住んでいるお父さんと結婚して一緒に住むようになりました。ここからは、今一緒に住んでいるお父さんのことを「お父さん」と呼んでお話しします。
２　お父さんは、お母さんと結婚してすぐくらいの頃は、とても優しかったです。抱っこしてくれたり、お母さんと３人で出かけたりするときも、いつもニコニコしていました。
　ですが、私が小学校５年生くらいの夏頃、お父さんが勤めていた会社がつぶれました。お父さんが何の仕事をしていたのかはよく知りませんでしたが、そのときから、お父さんは様子が変わってしまいました。
　お父さんは、仕事に行ったり行かなかったりする生活でした。何の仕事をしているかは分からないのですが、夜中に出かけたり、朝早く起きて出かけたりすることもあり、会社に勤めていた頃とは違いました。そういう生活が始まってから、お父さんはすごくイライラするようになりました。お酒もたくさん飲むようになりました。仕事がない日は、昼間からたくさんお酒を飲んでいました。私がしっかりしていないと、すぐ私を怒鳴るようになりました。しっかりしていないと、というのは、たとえば、私が宿題をしていなかったり、私がテレビを見る決められた時間を守れなかったり、夕ご飯で嫌いな

ものを残してしまったりするときです。

　お母さんは毎日仕事に行っているので、私が学校や塾から帰ってきたときに、お父さんと2人になることもありました。そういうとき、お父さんは時々、私を叩いたりするようになりました。私が宿題をやっていなかったり、ちゃんとお父さんのいうことを聞けないときに、お父さんは私を叩きます。お父さんはイライラするとき、お母さんのことも叩くことがありましたが、これもお父さんの会社がつぶれてからです。最近は、私はお父さんの顔を見るのも怖いくらい、お父さんのことが怖くてたまらなくなっていました。

3　今回お父さんに殴られた令和5年6月8日のことは、殴られた後病院に運ばれたりした日なので、よく覚えています。この日、私は学校が終わった後、塾に行っていた日でした。私は、週3回、学校のあと塾に行っています。ですが、私は中学校を受験するわけでもないので、学校の後は友達と遊びたいと思っていて、塾にいくのは正直嫌いでした。でも、最近は学校のテストが良くないとお父さんが怒るので、仕方なく塾に通っていたのです。

　この日は塾が夕方5時45分に終わって、6時頃に家に帰りました。家に帰ると、お父さんがいました。この日はお父さんが仕事がなかった日で、お父さんは家で夕食の支度をしていました。私が家に帰ると、お父さんはすぐ、「算数のテスト、どうだった」と聞いてきました。その日は学校で算数のテストが返ってくる日で、お父さんも、そのことを知っていたのです。

　ですが、私の算数のテストは70点でした。絶対に怒られると思いましたが、嘘はつけないので、お父さんに正直に言いました。すると、お父さんは料理の手を止めて、「テストもってこい」といいながらリビングの方に来ました。お父さんは、私の手渡したテストを見ながら、「なんでこんな点数しかとれねえんだよ」「塾に行かせてもよくなんねえじゃねえか」「どんだけ無駄金使わせてんだ」などと、たくさんひどいことを言ってきました。

　私も、勉強はがんばっているつもりです。私は、悔しくて、悲しくて、涙が出てきました。ぽろぽろ泣きながらお父さんのいうことを聞いていると、お父さんは私に「この出来損ないが」と言いました。私は、悔しすぎて、この言葉が許せませんでした。私はお父さんに「じゃあもう塾もやめる、もう私のことはほっといて」と大きな声で言い返してしまいました。するとお父さんは「なんだと」といって立ち上がりました。私はお父さんから逃げるように、外に出ようとリビングの椅子から立ち上がりました。そして階段をおりようとしたのですが、後ろから気配を感じたので振り返ると、お父さんが「口答えすんな」と怒鳴りながら、右手を振りかぶって私の頬を強く平手打

Ｉ　検察官請求証拠編

ちしたのです。

　次に私が覚えているのは、ぼうっとしながらお母さんと一緒に救急車に乗っている場面です。救急車に乗りながら、足にすごい痛みを感じたのを覚えています。

　次に覚えているのは、病院のベッドで目を覚ましたときです。私の足には包帯が巻かれ、固定され、吊されていました。隣にはお母さんがいて、お母さんは私が目を覚ましたとき、私を抱きしめて泣きました。

４　今、お父さんは私に暴力を振るったことで捕まっていると聞いています。お父さんの処分については検事さんにお任せします。私の気持ちは、早くもとの優しいお父さんが帰ってきて欲しいと思っています。

甲　山　花　子　㊞

供述人の目の前で、上記のとおり口述して録取し、読み聞かせ、かつ閲読させたところ、誤りのないことを申し立て、末尾に署名押印した上、各ページ欄外に押印した。

　前　同　日
　東京地方検察庁

検　察　官　検　事　　　桜　日　京　子

検　察　事　務　官　　　佐　久　間　　　直

【解　説】

　本件では、事件があったとされる時間帯に直接被告人と花子とのやりとりを目撃している第三者はおらず、当時の家の中には被告人と花子しかいません。被告人は否認しているので、検察官が本件公訴事実を立証するうえで最も重要かつ唯一の証拠が、花子の供述です。

　したがって、甲３号証を不同意とした場合、当然、花子の証人尋問の請求となります。その際、検察官は甲３号証は撤回せず、請求を維持したまま証人尋問が実施されることとなるでしょう。甲３号証は、いわゆる検察官面前調書であるため、法321条１項２号により後ほど伝聞例外での請求があり得

るからです。

　伝聞例外での請求があり得る最も典型的なパターンは、法廷で供述が後退する場合です。例えば、花子が被告人に殴られた場面、花子が「右手で頬を殴られた」といわずに、「お父さんとぶつかった」と供述したとしましょう。この部分は公訴事実のうちの実行行為部分で立証が必須ですが、先に述べたとおり、これを直接立証する証拠は花子の供述しかないため、当然、検察官は花子から公訴事実の記載に沿う供述を得ようとします。まず、検察官は花子の供述を誘導尋問によって得ようとしてくる可能性が高いと思われます。主尋問では誘導尋問は許されません（規則199条の3第3項本文）が、証人が前の供述と相反するか又は実質的に異なる供述をした場合においては、その供述した事項に関する誘導尋問が許されます（規則199条の3第3項6号）。証人が供述を翻す理由は様々ですが、記憶がはっきりしない（規則199条の3第3項3号）、証人が主尋問者に敵意や反感を示している（規則199条の3第3項4号）、証人が証言を避けようとしている（規則199条の3第3項5号）といった場合も、誘導尋問をすることができます。しかしながら、誘導尋問をする場合であっても、書面を朗読したり、証人の供述に不当な影響を及ぼすおそれのある方法は避けなければならず（規則199条の3第4項）、不相当な誘導尋問は裁判長により制限されることがあります（規則199条の3第5項）。したがって、検察官の不相当な誘導尋問には、適切に異議を出さなくてはなりません。

《甲山花子の尋問例》

（検察官）証人が階段の方に向かおうとしたとき、証人はどうしましたか。

（証　人）お父さんの方を……振り返りました。

（検察官）そうしたら何がありましたか。

（証　人）……

（検察官）お父さんはどうしましたか。

（証　人）……私と、ぶつかりました。

（検察官）他には何かありませんか。

I 検察官請求証拠編

（証　人）他には、特に……

（検察官）お父さんから何かされませんでしたか。

（証　人）よく覚えていません。

（検察官）お父さんから、何か言われたりしませんでしたか。

（証　人）……覚えていません。

（検察官）お父さんから、暴力を振るわれたということはありませんか。

（証　人）ぶつかっただけだと思います。他は覚えていません。

（検察官）お父さんが捕まっている間に、検察官に話を聞かれていますね。

（証　人）はい。

（検察官）検察官には、お父さんから殴られたという説明をしませんでしたか。

（証　人）覚えていません。

（検察官）その時つくられた花子さんの供述調書には、「振り返ると、お父さんが『口答え……

（弁護人）異議があります。調書を朗読して尋問することは、不相当です。

（裁判長）ご意見は。

（検察官）証人の記憶喚起のため、許されるものと思料します。

（裁判長）異議を認めます。もう少し聞き方だけ工夫してもらえませんかね。誘導尋問をするのは、一定程度は問題ないと思いますが、調書の朗読は……。今の記憶を聞いてもらうようにしていただけますか。

　明文に書かれている調書の朗読は、裁判所も制限することが多いように思われます。もちろん、規則199条の3第4項に記載された調書の朗読は1つの例であり、不相当な誘導尋問については調書の朗読に限らず異議を述べるべきです。もっとも、調書に書かれている事実自体を尋問する場合はもちろん、それでも調書と相反する供述をしたり記憶が喚起されない場合に、調書の記載に言及した尋問をすることは許されるという見解もあり[3]、実務上、それなりに強い誘導も制限されないケースが散見されます。

34

　　　　　　　　　　2.　甲号証　（3）検察官面前調書①　被害者の供述調書

　さて、もし検察官の誘導尋問によって花子の供述が検察官の思いどおりに
ならない場合、検察官は、甲３号証の証拠採用を求めるために必要な尋問を
する可能性が高いと思われます。甲３号証はいわゆる検察官面前調書ですの
で、上記の例のように検察官面前調書と相反する公判供述があるときは、検
察官面前調書を作成したときに、その時点での供述を「信用すべき特別の情
況」（いわゆる「特信情況」）が存在することが立証されなければなりません
（法321条１項２号後段）。そこで、検察官はこの点を立証する尋問を行ったう
え、書面を伝聞例外で採用するために調書の真正を立証することとなります。

《甲山花子の尋問例》

（検察官）お父さんが逮捕されて少しした頃、検察官から話を聞かれまし
　　　　　たね。

（証　人）はい。

（検察官）今回、脳震盪があったようですが、その影響はいかがでしたか。

（証　人）そのときは、もう治っていました。

（検察官）今より事件に近い時期ですよね。

（証　人）はい。

（検察官）今と比べて記憶はどうでしたか。

（証　人）今よりは、覚えていたと思います。

（検察官）話を聞かれた場所はどこでしたか。

（証　人）検事さんが病院に来てくれました。

（検察官）話を聞いた検事さんはどんな人でしたか。

（証　人）女性の検事さんでした。

（検察官）どんな風に話を聞いてくれましたか。

（証　人）私にもわかるような言葉で聞いてくれて、優しかったです。

（検察官）答えにくかったり、話しにくい雰囲気はありましたか。

（証　人）特にないです。

3　大コンメンタール刑訴法（６）〈第３版〉410頁、河上和雄＝小林充＝植村立郎＝河村博編『注
　釈刑事訴訟法第４巻〈第３版〉』立花書房（2012年）397頁。

35

（検察官）検事さんに嘘をついたりしたことはありますか。

（証　人）ないです。

（検察官）検事さんは、花子さんの話を供述調書という書面にまとめましたね。

（証　人）はい。

（検察官）その供述調書は、読んでもらいましたか。

（証　人）はい、確認しながら、２人で読みました。

（検察官）目でも確認しましたか。

（証　人）はい。

（検察官）間違いや直したい部分はありましたか。

（証　人）なかったです。

（検察官）確認した後、その書類に何か書きましたか。

（証　人）はい、名前を書きました。

（検察官）（甲３号証末尾の署名押印部分を示す）これは誰の字ですか。

（証　人）私です。

（検察官）隣にある指で押したはんこは誰のですか。

（証　人）私です。

（検察官）さて、今日は事件から大分時間が経ってしまいましたね。

（証　人）はい。

（検察官）法廷に立つのは初めてですか。

（証　人）はい。

（検察官）緊張していますか。

（証　人）はい。

（検察官）この法廷には花子さんのお父さんがいますね。

（証　人）……はい。

（検察官）お父さんの前で話しにくいことはありませんか。

（証　人）……ない、と思います。

（検察官）ちょっと言いにくそうにしてるようにも見えるけど。

（証　人）……大丈夫です。

この尋問も主尋問ですから、検察官の誘導尋問には異議を述べるべきです。前述のとおり、証人が相反供述をするときには誘導尋問が許されますが（規則199条の3第3項6号）、誘導尋問が許されるのは「その供述した事項に関する」尋問であり、特信情況に関する尋問には当てはまらないと考えられます[4]。

> （検察官）検察官からの事情聴取は、安心して話せる雰囲気で行われましたね。
> （弁護人）異議があります。誘導です。

上記設例とは反対に、花子が、甲3号証よりも被告人に不利益な供述をした場合はどうでしょうか。検察官は、事前の証人テスト等によりその事実を把握し、その事実が真実であると考える場合は、あえて甲3号証での訂正は考えないものと思われます。

そこで、弁護人は、甲3号証を用いて花子の主尋問での証言を弾劾しなければなりません。その場合には、花子にできるだけ言い逃れをされないように、手順を踏んで反対尋問をします。

《甲山花子の尋問例》

> （弁護人）テストもってこいと言われた後、どうなりましたか。
> （証　人）テストを見せると、何でこんな点しかとれないんだとか、いろいろと怒鳴られました。
> （弁護人）その後どうなりましたか。
> （証　人）怒鳴ったまま、立ち上がって私の方に来たので、私が階段の方に後ずさりすると、急に私のほっぺたを右手で殴ってきました。

4　大コンメンタール刑訴法（6）〈第3版〉409頁は、規則199条の3第3項ただし書5号及び6号について「いずれも、証言を避けようとした事項又は前の供述と相反する等の供述をした事項に限って許されるのであり、その他の事項についてまで誘導尋問をしてよいわけではない」とする。

（弁護人）花子さんはその前に何か言ったりしませんでしたか。

（証　人）何も言っていません。お父さんは怒鳴ったまま私の方に近づいてきて、急に私のほっぺたを殴りました。

（弁護人）先ほど主尋問の中で、花子さんが階段の方に行く前に花子さんは何も言っていないとおっしゃいましたね。（①）

（証　人）はい。

（弁護人）本当は、お父さんに対して怒鳴り返してしまったのではないですか。

（証　人）いいえ。

（弁護人）塾はやめる、私には構わないで、と言っていませんか。

（証　人）言っていません。

（弁護人）言い返したので、お父さんが立ち上がったという流れではなかったですか。

（証　人）違うと思います。

（弁護人）ところで、お父さんが逮捕されて少しした後、検察官にお話を聞かれていますよね。（②）

（証　人）はい。

（弁護人）検察官が入院している病院に来てくれたということでいいですか。

（証　人）はい。

（弁護人）検察官は、事件当日のことを花子さんに聞きましたね。

（証　人）はい。

（弁護人）花子さんも、検察官の質問に答えて話しましたね。

（証　人）はい。

（弁護人）花子さんの話したことを、検察官は供述調書という書類にまとめていましたね。

（証　人）はい。

（弁護人）その書類を、花子さんにもそのまま読んで聞かせてくれましたね。

（証　人）はい。

2. 甲号証 （3）検察官面前調書① 被害者の供述調書

（弁護人）花子さんも、手にとって一緒に読みましたね。

（証　人）はい。

（弁護人）間違っているところがあれば訂正していいと言われましたね。

（証　人）はい。

（弁護人）特に訂正はしませんでしたね。

（証　人）はい。

（弁護人）間違いがなければ、署名と押印をしてほしいと言われましたね。

（証　人）はい。

（弁護人）署名と押印をしましたね。

（証　人）はい。

（弁護人）（甲3号証本文末尾の署名押印部分を示す）これは花子さんの署名と押印ですね。（③）

（証　人）はい。

（弁護人）この供述調書の3頁目を読みますので、私が書いてあるとおりに読んでいるか聞いてください。お父さんに怒鳴られているあたりの場面ですが「私はお父さんに『じゃあもう塾もやめる、もう私のことはほっといて』と大きな声で言い返してしまいました。するとお父さんは『なんだと』といって立ち上がりました。」書いてあるとおりに読みましたね。

（証　人）……はい。

　この尋問は、まず①で証人自身の供述へ固執させる尋問をしています。この手順を踏まないと、証人に矛盾を突きつけたときに矛盾が明確にならず、証人自身にも「先ほどいったのと同じ意味です」「先ほどの証言に付け加えます」などといった言い逃れを許してしまうからです。そのため、主尋問の供述に固執させる質問をする必要があります。その後、②過去の供述が「特に信用すべき情況」で行われたものであることを確認する尋問をします。この手順を踏まずに矛盾供述をぶつけると、証人に「よく調書を確認しませんでした」などの言い逃れを許してしまうからです。過去の供述が、自由な供

39

述のできる情況でつくられたことを基礎付ける具体的な事実を獲得していきます。最後に、③で自己矛盾供述を提示しますが、このときには、書かれている供述の存在のみを顕出するようにします。

この手順は、法廷弁護技術の書籍に詳しいので、詳論はそちらに譲ります[5]。本書との関係で理解いただきたいのは、本手順は、供述調書を用いて証人の供述を誘導しようとするのではなく、自己矛盾供述の存在のみを顕出し、それによって証人の証言を弾劾しようとしている点にあります。したがって、検察官が異議を述べた場合には、その旨適切に対応しなければなりません。

（弁護人）この供述調書の3頁目を読みますので、私が……
（検察官）異議があります。供述調書を朗読しての誘導尋問は不相当ですし、供述調書を示して記憶を喚起させることは刑訴規則199条の11第1項かっこ書で禁じられる違法な尋問です。
（裁判所）弁護人、ご意見は。
（弁護人）この尋問は、供述調書を用いて誘導尋問を行うのではなく、過去の供述の存在を明らかにして証人を弾劾しようとする尋問です。証明力を争う権利は刑事訴訟法328条の規定上当然に認められますので、不相当ではありません。提示の根拠は刑訴規則199条の10です。

この意見に対しては、提示をそのまま認める訴訟指揮と、そうでない訴訟指揮があります。後者の訴訟指揮が行われた場合は、（当該訴訟指揮に異議を述べたあと）口頭の尋問で自己矛盾供述の存在を明らかにしたり、法328条に基づく非供述証拠としての供述調書の採用を求めることとなります。

続いて、花子が「供述不能」（法321条1項2号前段）であるとして、検察

5　高野隆＝河津博史『刑事法廷弁護技術〈第2版〉』日本評論社（2024年）229頁以下。

官が甲3号証を請求する場合について考察します。条文は「供述者が死亡、精神若しくは身体の故障、所在不明若しくは国外にいるため公判準備若しくは公判期日において供述することができないとき」となっていますが、判例はこれを例示列挙としており、これと同様以上の事由が存在するときは、「供述不能」と解するに差し支えないものとしています（最大判昭和27年4月9日刑集6巻4号584頁〔27680279〕）。この判例は、法廷において証人が証言を拒んだ場合に「供述不能」該当性を認めた事例です。実際に、証人が証言を拒む場合は、「供述不能」に当たるとする運用が多くみられます。

《甲山花子の尋問例》

（検察官）では、お父さんとの関係について聞いていきます。お父さんと一緒に住むようになったのはいつ頃ですか。

（証　人）私が小学校3年生か4年生くらいの時です。

（検察官）お父さんは、最初はどんな人でしたか。

（証　人）……最初は、優しくて……

（検察官）大丈夫ですか。

（証　人）……

（検察官）そのあと、お父さんの様子はどうなりましたか。

（証　人）……

（検察官）今、泣いていますか。

（証　人）……

（検察官）話せますか。

（証　人）……

（裁判長）検察官、少し休廷を挟んではどうでしょうか。弁護人、どうですか。

（弁護人）異議ありません。

～休廷後～

I　検察官請求証拠編

（検察官）では質問を再開します。お父さんの様子は、一緒に生活してどう変わりましたか。

（証　人）……そのあと……怖くて……

（検察官）何かきっかけがあったのですか。

（証　人）……

（検察官）大丈夫ですか。

（証　人）……

（検察官）話せますか。

（証　人）……

　こうして証人から供述が得られず、証人尋問が継続できない場合、裁判所は検察官に対応を迫ることとなります。検察官に立証を諦める選択肢はありませんので、法321条1項2号前段に基づいて、甲3号証の採用を求めてくることが考えられます。

　しかし、同号に基づく証拠採用は、実質的には、憲法で保障された弁護人の反対尋問権を奪うこととなります。本件で花子は罪体立証の中心となる最重要証人であり、簡単に反対尋問権を放棄してはいけません。検察官による伝聞例外での証拠調請求には、厳格に対応することが求められます。

（裁判長）検察官、今後の罪体立証はどうされますか。

（検察官）刑事訴訟法321条1項2号前段に基づき、甲3号証を伝聞例外で請求します。

（裁判長）弁護人は証拠意見をおっしゃることができますか。

（弁護人）取調べには異議があります。花子さんは、法廷でも証言しようとしていました。花子さんは、証言を拒んでいるのではなく、また証言が全くできない状態であるとも思われません。花子さんは重要証人で、被告人の反対尋問権の行使が極めて重要な証人であることを考えれば、現時点で「供述不能」と認定すべきではありません。初めての法廷で緊張していた影響も大きいと

42

2. 甲号証 （3）検察官面前調書① 被害者の供述調書

思うので、改めて日程を調整して、もう一度尋問を試みる機会を設けるべきです。

供述不能の要件を立証するために、検察官が、公判期日外で資料を集め、それをもとに伝聞例外の請求をしてくる場合があります。例えば、上記やりとりのあと、検察官が次のような上申書を裁判所に提出した場合を想定します（なお、上記のような経過を挟まずとも、公判前整理手続などの中で、いきなり伝聞例外の請求をしてくる場合もあります）。

「被害者は、前回公判で証人出廷の際、涙を流し、全く証言ができず、その後、日常的に突然涙が出る、眠れない、事件や法廷のことを思い出してしまう、との精神症状が出ている。被害者が精神科を受診したところ、出廷をきっかけとする急性ストレス障害、不安障害の診断を受けた。被害者は、心身の故障により供述不能であり、改めて、甲3号証の刑事訴訟法321条1項2号前段による採用を求める。添付資料1：診断書」

書いてあることが事実であれば非常に気の毒な状況ではありますが、花子への反対尋問は極めて重要であると解されますから、弁護人としてはこの記述を鵜呑みにせず、証人尋問の実現を志向すべきです。

（裁判長）検察官から上申書が提出され、改めて伝聞例外での採用が求められましたが、弁護人のご意見にお変わりはありますか。

（弁護人）やはり取調べには異議があります。花子さんがそのような状況であるということ自体、検察官の書面と、書面による診断書しか拝見できていません。花子さん供述の本件における重要性に鑑みれば、供述不能要件の立証も厳格な証明によるべきです。そうした状況の証言も含めた、花子さん自身の証人尋問や、診断した医師の証人尋問が必要であると考えます。

43

Ⅰ　検察官請求証拠編

　本件では、花子の供述は証拠構造上極めて重要な意味を持ち、被告人の反対尋問権の行使は極めて重要になりますから、安易に供述証書を伝聞例外で採用すべきでなく、供述不能要件についても厳格な証明が必要と解すべきです。場合によっては、証拠採否の決定のために、医師の尋問などの事実取調べが実施されるでしょう。しかし、訴訟法上の事実は自由な証明で足りるとして、検察官の提出した書面に基づいて、証拠採用をする裁判所もあるでしょう。このような場合は、証拠採用決定に異議を述べてください。

（裁判長）検察官の上申を受けて事前に合議しましたが、花子さんのあの様子では証言は期待できないと思いますし、過度な負担を掛けるわけにもいかないでしょう。伝聞例外で採用する決定をします。

（弁護人）ただいまの証拠採用決定に異議を申し上げます。刑事訴訟法321条1項2号前段に定める「供述不能」要件の解釈適用を誤った違法があります。

コラム　司法面接

　令和5年に刑事訴訟法が改正され、321条の3という条文が新設されました。この条文は、性犯罪等の被害者について、捜査段階の事情聴取を録音録画し、その記録媒体を主尋問の代替として証拠能力を認めることで、被害者の負担軽減を目的とするものです。

　同条1項柱書は、「その供述が第2号に掲げる措置が特に採られた情況の下にされたものであると認める場合であつて、聴取に至るまでの情況その他の事情を考慮し相当と認めるとき」を証拠能力付与の要件として定めています。そして、同項2号には、供述者の年齢、心身の状態その他の特性に応じ、①供述者の不安又は緊張を緩和することその他の供述者が十分な供述をするために必要な措置（法321条の3第1項2号イ）、②誘導をできる限り避けることその他の供述の内容

に不当な影響を与えないようにするために必要な措置（法321条の3
第1項2号ロ）という2つの措置が規定されています。これらの規定
は、いわゆる「司法面接」を念頭に置いていると思われます。

　「司法面接」とは、「法的な判断のために使用することのできる精度
の高い情報を、被面接者の心理的負担に配慮しつつ得るための面接
法」[6]と定義される面接手法で、特に子どもから事情聴取をする際に
用いられています。その面接手法の特徴としては、①記憶の変容や汚
染が起きないように、また供述が変遷しないように、できるだけ早い
時期に、原則として1度だけ面接を行うこと、②面接を繰り返さない
ですむように、録画・録音という客観的な方法で記録すること、③面
接では子どもに圧力をかけたり、誘導・暗示を与えたりすることのな
いように、自由報告を主とする構造化された方法を用いること、④複
数の機関が連携して、1度で面接を行うか、面接の録画を共有できる
ようにすることという点が挙げられています[7]。

　法321条の3には、「司法面接」という言葉は明示されていませんが、
それを意識した条文となっています。すなわち、司法面接のプロトコ
ルには、「ラポールの形成」といって、リラックスして話ができる関
係性を築く項目が設けられています。例えば、面接のテーマとは全く
関係のない、被面接者の好きなものを聞いたり、好きなものについて
話をしたりして、安心して話せる関係性を築くことが求められていま
す[8]。この点は、同条1項2号イがいう「供述者の不安又は緊張を緩
和することその他の供述者が十分な供述をするために必要な措置」に
該当すると思われます。また、司法面接では、被面接者の記憶を汚染
することなく、できるだけ多くの自由報告を得ることが推奨されてお
り、面接者からはできるだけ情報を出さずに、被面接者に自分の言葉
で話してもらうことを目的としています[9]。この点は、同条1項2号

6　仲真紀子編著『子どもへの司法面接—考え方・進め方とトレーニング』有斐閣（2016年）2頁。

7　前掲注6・仲編著3頁。

8　前掲注6・仲編著9頁。

ロがいう「誘導をできる限り避けることその他の供述の内容に不当な影響を与えないようにするために必要な措置」に該当すると思われます。

ですので、これから特に子どもが被害者に位置付けられている事件を取り扱うに当たっては、同条が前提としているこれらの司法面接の手法について勉強をしたうえで尋問に臨まなければなりません。特に、同条1項柱書が求める「第2号に掲げる措置が特に採られた情況」について争いになることが想定されますから、当該面接を行った面接者に対する尋問が増えることが予想されます。また、同条1項2号が掲げる措置についても、子どもや性犯罪であることに関係なくすべての事件について当然に採られているはずの措置ですから、当該事件において「特に採られた情況」というのは、司法面接の厳密なルールに則って行われたものでなければならないはずです[10]。記憶の汚染や誘導の可能性が排除されているといえるものでなければなりません。そうでなければ、証拠能力の要件を緩和した理由を説明できません。こういった認識を前提に、司法面接の手法について勉強を重ねたうえで、尋問に臨むことが肝要です。

これに関し、本書執筆者のうちの何名かが、すでに法321条の3に基づく請求を経験しています。

ある事件では、裁判所から検察官に、映像記録媒体を同条に基づいて請求するのか、通常どおり子どもの主尋問をするのか尋ね、検察官が検討した結果、主尋問を選択したという事案がありました。司法面接が行われているからといって、必ず伝聞例外での請求が行われるかというと、もちろんそうではありません。

他方、検察官が録音録画媒体を証拠調請求してくる事案ももちろんあります。本書執筆者の1人が経験した事例では、学校内でのわいせ

9　前掲注6・仲編著161頁。

10　前掲注2・後藤120頁。なお、同書は法321条の3と321条1項2号の関係について興味深い考察をしているので、参照されたい。

つ行為を疑われた教師が被告人となった事案において、検察官による司法面接的な事情聴取が行われていました。検察官はこれを同条に基づいて請求してきましたが、弁護人は、当該面接は事件から約１か月後に行われたもので記憶が汚染するタイミングが多数あったことを理由に上記「相当」性の要件を欠く、上記２つの措置要件については質問が形式的、機械的、表面的であり、質問と答えがかみ合っていない箇所や、誘導、誤導、答えの示唆などをしている質問が核心部分でも認められるなど、具体的な事実に基づき要件該当性を反論しました。また、当該供述には多数の伝聞（再伝聞）供述が含まれていたり、被害者の特定事項が含まれる供述（当該事件では被害者特定事項の秘匿措置がなされていました）があったりしたため、そうした観点からも証拠能力上の問題と証拠調べの必要性等の反論を行いました。こうした反論の結果、検察官が証拠調請求を撤回しました。このように、同条による録画媒体の証拠調請求には、その要件を十分理解したうえで、反論することが必要です。

※本コラムは、K-Ben NextGenの若手弁護士・修習生限定オンラインサロンにおいて配信した「ケージェネマガジン」の一部を抜粋しました。

I　検察官請求証拠編

（4）実況見分調書②　被害再現状況

甲4号証：実況見分調書

立証趣旨：被害再現状況

作 成 日：令和5年6月15日

作 成 者：司法警察員　天林美樹

実況見分調書

令和5年6月15日

警視庁西警察署

司法警察員　巡査　天林美樹　㊞

　被疑者　甲山太郎　に対する　傷害　被疑事件につき、本職は、下記のとおり実況見分をした。

記

1　実況見分の日時

　　令和5年6月15日午後5時から午後6時50分まで

2　実況見分の場所、身体又は物

　　警視庁西警察署6階道場

3　実況見分の目的

　　犯行現場の状況を明らかにするため。

4　実況見分の立会人（住居、職業、氏名、年齢）

　　　住所　東京都中野区C町一丁目2番3号

　　　職業　小学生

　　　氏名　甲山花子

　　　年齢　12歳（平成23年5月25日生）

5　実況見分の経過

　　別紙記載のとおり。

（別紙）省略

※本実況見分調書は、甲山花子が、自らの被害状況を警視庁西警察署内道場において再現したところを写真撮影した実況見分調書である。

48

2. 甲号証　(4) 実況見分調書②　被害再現状況

　道場には、ビニールテープで自宅リビングの間取りが再現されている。甲山花子が指示説明をし、被害者役の女性警察官（身長150センチメートル）と被疑者役の男性警察官（身長182センチメートル）とが、甲山花子の指示説明どおりに体を動かし、その場面を警察官赤木竜平が写真撮影している。その写真を添付し、その写真の1つひとつの横の欄に甲山花子の指示説明が記入されている（そのうち1つが、以下の例である）。同実況見分調書の表紙と、各写真と写真が貼られたページにかかるように天林美樹の印鑑が押されている。甲山花子の署名押印等はない。

写真例

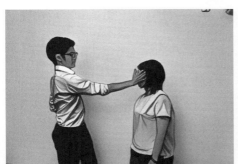

立会人が「私はこのようにしてお父さんに右手で平手打ちをされました」と説明した状況を再現

【解　説】

　甲4号証を不同意とした場合、甲4号証は実況見分調書なので、甲2号証と同様に、作成した捜査官の証人尋問が行われると思われるかもしれません。

　しかし、この実況見分調書は、あくまで甲山花子が被害に遭った状況を明確にする目的でつくられたものであり、甲2号証と異なり、捜査機関が五官の作用によって物や場所の存在や状態を認識する部分には、ほとんど意味がありません。

　このような再現実況見分調書の証拠能力についての著名な判例として、最決平成17年9月27日刑集59巻7号753頁〔28105382〕があります。この事例は、いわゆる痴漢事件での被害状況を警察署内で被害者が再現し、それを写真撮

影した再現実況見分調書の証拠能力が問題となりました。第一審で弁護人が
この証拠に不同意意見を述べたところ、法321条3項の真正立証（捜査官の
証人尋問）のみが行われ、実況見分調書が証拠採用され、控訴審もこの証拠
を判断の前提としました。これに対し、最高裁判所は「立証趣旨が『被害再
現状況』、『犯行再現状況』とされていても、実質においては、再現されたと
おりの犯罪事実の存在が要証事実になるものと解される。このような内容の
実況見分調書や写真撮影報告書等の証拠能力については、刑訴法326条の同
意が得られない場合には、同法321条3項所定の要件を満たす必要があるこ
とはもとより、再現者の供述の録取部分及び写真については、再現者が被告
人以外の者である場合には同法321条1項2号ないし3号所定の、被告人で
ある場合には同法322条1項所定の要件を満たす必要があるというべきであ
る。もっとも、写真については、撮影、現像等の記録の過程が機械的操作に
よってなされることから前記各要件のうち再現者の署名押印は不要と解され
る。」と判示して、実況見分調書の証拠能力を否定しました。

　この実況見分は警察署内での被害状況の再現であり、実況見分の結果それ
自体にはほぼ意味がなく、専ら被害事実そのものを立証することにしか主眼
がない証拠であったため、最高裁判所は上記のような要証事実の実質的解釈
を行って、証拠能力を否定したものと思われます（なお念のため、要証事実の
実質的解釈が常に必要であるわけではなく、当事者が設定した立証趣旨をそ
のまま前提にするとおよそ証拠としては無意味になるような例外的な場合に、
実質的な要証事実を考慮する必要があるという趣旨であると解されます）[11]。

　本件甲4号証も同様であると解されますから、もし、不同意にした甲4号
証を採用させるために検察官が警察官赤木竜平を証人尋問請求したうえ、警
察官赤木竜平による真性作成供述のみで伝聞例外による証拠請求をしたよう
な場合には、上記判例の趣旨を踏まえ、証拠採用に異議を述べなければなり
ません（また、赤木竜平が真性作成供述の機会に甲山花子の供述内容を述べ
た場合には、証人尋問中に伝聞の異議を述べておかなければなりません）。

11　芦澤政治「判解」最高裁判所判例解説刑事篇〈平成17年度〉（2008年）346頁。

2. 甲号証 （4）実況見分調書② 被害再現状況

　現在の実務では、このような再現実況見分調書が不同意になった場合には、作成した捜査官の証人尋問請求ではなく、再現者本人の証人尋問を請求するのが通常です。そして、その際に必要と考えられる場合には、供述の明確化（規則199条の12）によって再現実況見分調書添付の写真を示そうとしてきます。

　しかし、ここにおいても弁護人が注意をしておかなければならないのは、その写真の利用が証人の供述に不当な影響を与えないかどうかです。主尋問においては、「書面の朗読その他証人の供述に不当な影響を及ぼすおそれのある方法を避けるように注意しなければならない」とされており（規則199条の3第4項）、記憶喚起のための書面の提示に関するルールである規則199条の11は、「書面（供述を録取した書面を除く。）」としています。再現実況見分調書における再現写真は、再現者の供述の録取結果にかなり近い性質を持つものですから、証人尋問における再現者の供述に与える影響は大きく、これらの規制の趣旨が妥当するというべきです。

　この点が問題となった著名な判例として、最決平成23年9月14日刑集65巻6号949頁〔28175820〕があります。これも前掲平成17年最決〔28105382〕と同様に痴漢の事件で、証人尋問中に証人の再現写真を利用して尋問した措置の適法性が争われました。最高裁判所は「本件において、検察官は、証人（被害者）から被害状況等に関する具体的な供述が十分にされた後に、その供述を明確化するために証人が過去に被害状況等を再現した被害再現写真を示そうとしており、示す予定の被害再現写真の内容は既にされた供述と同趣旨のものであったと認められ、これらの事情によれば、被害再現写真を示すことは供述内容を視覚的に明確化するためであって、証人に不当な影響を与えるものであったとはいえないから、第1審裁判所が、刑訴規則199条の12を根拠に被害再現写真を示して尋問することを許可したことに違法はない。」と判示しました。

　これは、裏を返せば、証人から被害状況等に関する具体的な供述が十分にされる前に再現状況を示そうとされた場合には、証人の証言に不当な影響を与える可能性があり、許されないということを示唆しているものといえます。

51

やはり、被害状況等に関する具体的な供述がなされる前に再現実況見分調書添付の写真を示そうとすることは、証人自身の過去の供述を用いた不相当な誘導尋問にすぎないと考えられ、伝聞法則の潜脱にもなりかねません。したがって、示そうとされている写真について、証人が十分に同様の状況を供述していないと考えられるときは、写真の利用の許可を求めた時点で異議を述べなければなりません。異議事由は、「誘導」（規則199条の3第3項）、あるいは、不相当な誘導尋問（規則199条の3第4項）、供述録取書を記憶喚起のために提示する場合と同様（規則199条の11第1項かっこ書）、さらには「証人の供述を明確にするため必要」（規則199条の12第1項）な場合に当たらない、などと判例の趣旨を踏まえて述べる必要があると考えられます。

《甲山花子の尋問例》

（検察官）お父さんと口論になった後、お父さんはどうしましたか。

（証　人）台所から私の方に向かって歩いてきました。

（検察官）そのあと、お父さんはどうしましたか。

（証　人）どうしたか……私のことを殴ったと思います。

（検察官）裁判長、ただいまの供述を明確にする必要がありますので、甲4号証の実況見分調書添付の写真番号5を利用して尋問することを許可してください。

（裁判長）弁護人、よろしいですか。

（弁護人）写真を利用することに異議があります。現時点で、花子さんからは当該写真に映った状況と同様の具体的な供述がなされておりません。写真を示して具体的な状況を供述させようとするものであり、誘導に当たります。

（裁判長）そうですね、もうちょっと具体的に聞いていただいてから。（①）

（検察官）わかりました。では、お父さんにどのように殴られましたか。

（証　人）どのように……ちょっと思い出せません。

（検察官）警察官に話をしたときは覚えていましたかね。

（証　人）はい。少し時間が経ってしまったので。

2.　甲号証　（4）実況見分調書②　被害再現状況

（検察官）裁判長、記憶喚起のために、甲4号証の実況見分調書添付の写真番号5を示して尋問することを許可してください。

（裁判長）弁護人、いかがですか。

（弁護人）写真を示すことに異議があります。記憶喚起のための誘導でも、刑事訴訟規則199条の3第4項で調書の朗読などは許されていませんし、調書を示すことも同199条の11第1項かっこ書で禁じられているはずです。再現実況見分調書の写真を示すことは、これと同じです。

（裁判長）そうですねぇ。記憶喚起ですので多少は誘導しても構いませんが、もうすこし口頭で。（②）

（検察官）わかりました。右手だとか左手だとか、思い出せませんか。

（証　人）……あ、思い出しました。お父さんは右手でたたいてきました。

（検察官）花子さんのどこをたたきましたか。

（証　人）私の左頬をたたきました。

（検察官）右手の形はどうでしたか。

（証　人）平手でした。

（検察官）その時の動きはどのような動きでしたか。

（証　人）ビンタというか、右手を開いて後ろに引いて、そのまま私の右頬を殴りました。

（検察官）強さはどうでしたか。

（証　人）強かったです。

（検察官）花子さんはどうなりましたか。

（証　人）すごく強くたたかれたので、私はそのままよろけてしまいました。

（検察官）裁判長、ただいまの供述を明確にする必要がありますので、甲4号証の実況見分調書添付の写真番号5を利用して尋問することを許可してください。

（裁判長）弁護人、ご意見は。

（弁護人）（写真をしっかりと確認して）特に異議ありません。

（裁判長）では、どうぞ。（③）

53

Ⅰ　検察官請求証拠編

　上で述べたところの繰り返しになりますが、裁判長の訴訟指揮について解説しておこうと思います。まず、①は、弁護人の異議を容れて、検察官に再現写真の提示を認めませんでした。これは、まだ証人の供述が十分に具体的に出ておらず、写真の提示が証人に対する強い誘導になってしまいかねないことから、前掲平成23年最決〔28175820〕の趣旨に則り、規則199条の12に基づく供述の明確化の趣旨で写真を利用することを制限したものといえます。

　これを受けて、検察官は口頭での供述獲得を試みましたが、花子が具体的な暴行の態様を思い出せないと言ってしまいました。そこで、検察官は記憶喚起（規則199条の11）により写真を提示しようとしました。しかし、記憶喚起としての誘導が許されるといっても、いきなり再現写真を示すのは誘導性が強く、本来許されないはずの供述調書の提示と本質的に変わりがありません。その趣旨で述べられた弁護人の意見を容れ、裁判長もまずは口頭で誘導するように示唆しています（②）。

　検察官が口頭で記憶喚起を試みたところ、花子は思い出したとして具体的に暴行の態様を語り始めました。十分に暴行態様が語られた後、検察官が再現写真を利用して尋問しようとしました。この段階においては、花子から具体的な供述が得られており、かつその内容が再現写真とも一致している（この点は、特に提示命令などをかける例が多いとはいえず、弁護人に意見を求めて弁護人が特段の異議を述べなかったことにより担保されるものと解されます。したがって、弁護人は、利用されようとしている写真をしっかりと確認し、「明確化」の趣旨に沿うものかどうかを確かめなければなりません）ことから、再現写真の利用を許容したものと考えられます（③）。

コラム　再現実況見分調書

　再現実況見分調書の中には、再現の内容に意味があるだけでなく、再現者が「再現できたこと」に意味がある場合があります。例えば、検察官の公訴事実で明らかにされている犯行態様が一定の身体能力を

2. 甲号証　（4）実況見分調書②　被害再現状況

必要とするような場合において、被告人自身が公訴事実記載の犯行状況をそのとおり再現しているような場合を想定してみると、わかりやすいです。上記の例で、被告人が捜査段階での自白を翻し、公判で否認に転じた場合を想定してみます。

このような場合には、犯行再現実況見分調書は、実際にそのような行為があったことだけを立証する以上に、意味がある場合があります。上記の例において、仮に被告人が捜査段階の供述について任意性がないと主張しており、その主張に理由があるとします。そうすると、犯行を再現している状況を、自白として用いることはできなくなります。しかし、この犯行再現実況見分調書の要証事実を「被告人が公訴事実記載の犯行が可能であったこと」ととらえると、犯行可能性を立証する証拠として証拠能力が認められる可能性があります。このような要証事実のもとでは、被告人が実際に犯行を再現できている状況を捜査機関が確認して記録したことが重要となりますので、法321条3項に基づいて、作成した捜査官の真正作成証言により証拠能力を持つこととなります（つまり、この場合は、被告人は犯行を再現していますが、その再現から被告人が犯行を行ったことを推認するわけではなく、被告人の再現を供述証拠として利用するわけではないので、実況見分調書中の被告人の再現部分が再伝聞にならないということです）。

しかし、このような要証事実であっても、同項に基づく証拠採用が誤りであるとされた事例があります。最決平成27年2月2日集刑316号133頁〔28231320〕は、公務執行妨害事件において、車両の窓から手を差し入れて被害者の胸ぐらをつかんだ状況を再現した実況見分調書の証拠能力について判断した事例です。この再現は事件現場で実際の車両を利用して行われていましたが、最決平成17年9月27日刑集59巻7号753頁〔28105382〕と同様に実質的な要証事実を再現されたとおりの犯罪事実と設定し、同項のみにより採用して取り調べた措置を違法としています。この事件は、警察署の道場での再現であった前掲平成17年最決〔28105382〕の事例とは異なり、事件現場にお

Ⅰ　検察官請求証拠編

いて同じ車両を用いた実況見分であり、位置関係や距離、犯行可能性などの立証に用いることができる事案でした。しかし、再現時の現場の状況や位置関係・距離という立証趣旨に自然的関連性を一応肯定できる程度の多少の意味があるとしても、再現状況報告書が再現されたとおりの犯罪事実の存在の認定に用いられる危険性の大きさに鑑みて、実質的な要証事実に設定しなおすべきという判断があるのかもしれないと指摘されています[12]。

このように、同じ再現実況見分調書であっても、どこでどのような再現がなされているのか、その再現状況を事実認定においてどのように用いるのかを考え、同項によって採用するのにふさわしいか否かを個別に検討しなければなりません。そして、不適切な証拠調請求には、上記各判例の趣旨も踏まえ、適切に異議を述べる必要があります。

（5）検察官面前調書②　被害者家族の供述調書

甲5号証：甲山ちあきの検察官面前調書
立証趣旨：被告人との生活状況、被害告白の状況等
作 成 日：令和5年7月18日
作 成 者：検察官　桜日京子
供 述 者：甲山ちあき

供　述　調　書

本籍
住居
職業　会社員

12　成瀬剛「判解」平成27年度重要判例解説（ジュリスト1492号）（2016年）179頁。

2. 甲号証 （5）検察官面前調書② 被害者家族の供述調書

氏名　甲山　ちあき（こうやま　ちあき）
昭和61年2月2日生（37歳）

　上記の者は令和5年7月18日、東京地方検察庁において、本職に対し、任意次のとおり供述した。

1　私は、甲山太郎の妻です。
　太郎とは、2020年（令和2年）頃に結婚しました。事件当時、太郎の持ち家の一軒家で、太郎と花子の3人で暮らしていました。私の仕事は、銀行員です。
　花子は、私の前の夫である山本潤との子になります。山本とは、2015年頃に離婚しました。原因は、元夫の不貞です。その後、私は花子の親権をもらい、花子と一緒に住んでいましたが、今の夫である太郎と2019年頃友人の紹介で出会い、交際を経て2020年に婚姻しました。
2　夫は、出会った当時、東京都内にある商社に勤務しておりました。私の子である花子にもとても優しく接してくれ、私もその優しさに惹かれて結婚したのです。
　しかし、結婚して数年後、夫の勤めていた会社が倒産しました。夫は、職を失ったことがとてもショックだったようで、塞ぎ込むようになってしまいました。最初は、もう一度就職活動をすると言っていたのですが、年齢のこともあってうまくいかず、次第に昼間から酒を飲んだり、家族や物に当たり散らすようになりました。夫は、どうにか日雇いの現場仕事などをするようになりましたが、深夜や早朝に出かけることも多く、収入も日払いで不安定であり、私が家計を支えることになりました。
　事件があった令和5年ころは、夫もイライラすることが多く、私もしばしば暴力をふるわれていました。花子にも暴力を振るうことがありました。特に夫は花子の成績を気にしており、いい成績をとっていい会社に入って自分のようにならないようにして欲しいと、いつも話していました。それで、花子がいい成績をとれないことにイライラしていたのです。ただ、毎日のように暴力があったというほどではありませんし、実際に暴力があったときでも、夫は次の日にはすごく神妙になり、私に謝ってくるのです。ですから、私も夫の根が悪いとは思えず、仕事を失ってやり場のない怒りがあるだけなのだと思うようにしておりました。
3　事件のあった令和5年6月8日、私は日中、仕事をしておりました。私

は銀行員として週５日勤務しており、だいたい職場を５時30分頃出て、６時過ぎに家に帰ります。その日は、少し職場を出るのが遅れました。夕食はその日休みだった夫に頼んでおり、夫に「今日は６時30分頃になる」と携帯電話でメッセージを打って、帰宅したのです。

　私が自宅に着いて玄関を開けると、２階からドンドンと物音が聞こえました。そして、ちょうど私が靴を脱いで玄関を上がろうとしたとき、バンという音と、階段からものすごい物音が聞こえたのです。私が階段の方に急いで行くと、１階から２階に上がる階段の一番下で、花子が倒れていました。私は花子に駆け寄りました。花子は、意識があるようでしたが、ぼうっと私の方を見て、目の焦点があっていないような感じがしました。私が、「花子、花子」と声を掛けると、花子は頷きながら「今日のご飯はなに」などとつぶやいたため、いよいよこれはおかしいと思い、救急車を呼びました。

　救急車が来るまでの間、私は夫に何があったのか問い詰めました。夫は、ばつがわるそうに、花子と口論になった、というようなことを言っていました。それ以上問い詰めたかったのですが、まもなく救急車が来て、花子に付き添うことにしました。救急車の中で寝そべっている花子に、私は何があったのか尋ねました。すると花子は「お父さんに叩かれた」と言いました。私は何があったのかすべて察し、花子に「ごめんね、ごめんね」と声を掛けながら抱きしめました。

　花子はその後、脳震盪と診断されましたが、意識は翌日には回復しました。一歩間違えればとても危険な状態だったと思いますから、ひとまずほっとしたというのが正直なところです。

４　花子から夫に叩かれたというのを聞きましたので、私は花子の法定代理人として被害届を出し、夫はその後逮捕されました。

　現在夫は留置場にいますが、今後のことはとても悩んでいます。正直、夫の様子が変わったのは夫の会社が潰れてからで、それまでは本当に優しい夫だったのです。なので、夫自身が悪いわけではないという思いもあります。ですが、その後数年経って、時が経つにつれ夫の酒癖や暴力もエスカレートしているところもあります。私自身や花子の身を守るためには、離婚して別の場所で生活しなければいけないとも思っています。今は決められていませんが、よく考えたいと思います。

　夫が、自分は殴っていないと言っていると聞きました。ただ、この点だけは、夫は自分をかばっていると思います。夫が殴らなければ、あんなに激しく階段から落下するわけはないと思いますし、花子が階段から落ちる前に、

2. 甲号証 （5）検察官面前調書② 被害者家族の供述調書

バンという何かがぶつかるような物音も聞いているのです。いよいよ反省も
できなくなったかと思うと、もう離婚するしか道はないのかとも思います。
夫にはよく反省して欲しいです。

　　　　　　　　　　　　　　　　　甲　山　ち　あ　き　㊞

　供述人の目の前で、上記のとおり口述して録取し、読み聞かせ、かつ閲読
させたところ、誤りのないことを申し立て、末尾に署名押印した上、各ペー
ジ欄外に押印した。
　前　同　日
　東京地方検察庁
　　　　　　　　　　　検　察　官　検　事　　　桜　日　京　子

　　　　　　　　　　　検　察　事　務　官　　　佐　久　間　　　直

【解　説】

　甲5号証を不同意にすると、ちあきの証人尋問が行われます。

　ちあきは、被告人と花子と一緒に生活しており、家族関係や生活状況を語
る証人であるほか、被害者である花子の親でもあるため、証人尋問自体に関
連性や必要性がないとはいいにくいと思われます。

　もっとも、ちあきが花子から「お父さんに叩かれた」といっているのを聞
いたというのはどうでしょうか。この点は、花子からの又聞きの発言である
ため、仮にちあきの証人尋問が行われたとしても、伝聞証拠として証拠能力
がないのではないか、問題となります。

　この供述によって、花子が太郎から叩かれたことを直接立証しようとする
場合は、明らかに伝聞供述です。しかし、ちあきが花子から聞いた話は断片
的であり、その供述から直ちに公訴事実記載の暴行が立証できるといえるか
は疑問です。むしろ、ちあきの供述は、花子が自分自身で供述している被害
状況の供述を補強するものとして利用されるとうかがわれます。

　そうすると、ちあきが花子から聞いたとされる発言により、花子の供述の
証明力を増強することができるのかが問題となります。これは難しい問題で

あると思われます。ちあきが花子から聞いた発言の存在は、それだけを取り上げれば、花子が過去に（法廷と）同じことを言っていたということにすぎません。過去の一致供述を法廷供述の証明力の増強として使うことは、過去の供述が真実であるとの期待を前提とするか、「2回言ったことは1回言ったことよりも信用できる」という経験則を用いるしかありませんが、前者の期待は伝聞証拠としての利用にほかなりませんし、後者のような経験則はありません。結局、過去の一致供述を供述の証明力増強に用いる推論は当該供述が信用できるという結論の先取りになりかねず、妥当でないと解されます[13]。しかしながら、本件の場合には、花子の発言は、例えば捜査開始後に警察官からの事情聴取に応じたようなものではなく、事件にほど近い直後の時期、まだ太郎が暴行したか否かちあきにはわからない時期に、母親であるちあきに被害を告白したものということができますから、そのこと自体に情況証拠としての意味があるという解釈も不可能ではないように思われます。

　弁護人は、まずこのような又聞きの発言が証人尋問中に現れた（又は、現れようとしている）時には、それが発言の内容を推認する用い方をされないよう、伝聞の異議を述べるべきです。もっとも、これに対し、検察官から「発言の存在のみを立証しようとするもの」との反論が述べられることがあります。もちろん、発言の存在のみの立証に意味があればそれでも構いませんが、発言の存在のみでは何ら意味がない場合は、「関連性がない」という異議を述べるべきです。

《甲山ちあきの尋問例》

（検察官）救急車の中で、花子さんとどのような会話をしましたか。

（証　人）何があったかもわからなかったので、花子に「何があったの」と聞きました。そうしたら、花子は「お父さんに叩かれた」と……

（弁護人）異議があります。今証人が話した花子さんの発言部分について

13　上口裕『刑事訴訟法〈第5版〉』成文堂（2021年）403頁。

は、伝聞供述ですので証拠排除を申し立てます。

（裁判長）検察官、ご意見は。

（検察官）発言した事実自体を立証するもので、伝聞供述ではありません。

（弁護人）発言した事実自体の立証には、関連性がありません。

（裁判長）伝聞、及び関連性の異議ということですね。確かに伝聞供述として証拠とすることはできないと思いますが、事件直後の発言ですので、全く関連性がないとはいえないので、証拠排除はしません。伝聞の異議はとどめますので、質問を続けてください。

コラム 「供述の存在自体の立証」とは

　上記尋問例で出てきたような、伝聞の異議に対する「供述の存在自体を立証します」という反論は、よくみられます。まず、このような反論がなされた場合には、供述の存在自体を立証することに何の意味があるのかを考えなければなりません。例えば、ある証人Ｗの尋問において「Ｚさんは何と言っていましたか」と検察官が質問し、「被告人が被害者を殴ったのを見たと言っていました」という答えが出たような場合です。これは被告人が被害者を殴ったことを要証事実とする場合には明らかに伝聞供述です。ここで「存在自体を立証する」といってみたところで、供述の存在自体には全く意味がないため、その供述には関連性がありません。したがって、検察官から「供述の存在自体を立証します」と主張された場合には「供述の存在自体には関連性がありません」と反論しなければなりません。

　もっとも、現実の証人尋問では、上記例のように伝聞供述が単発で出てくるというよりは、証人の語る物語の中で伝聞供述が出現する場合が多いです。証人が法廷外で第三者から供述を聞いた事実が、証人自身の次の行動の経緯や動機になっていることが多いのです。例えば上記例であっても、証人ＷがＺの話を聞いて現場に行き、被告人を取

Ⅰ　検察官請求証拠編

り押さえたであるとか、救急車を呼んだであるとか、次のWの（関連性のある）行動につながることがあるわけです。このような場合には、当該証人自身の立証事項となる物語との関係で、当該証人の次の行動に十分な経緯や動機があったことを示すものとして、原供述内容が真実であるかどうかにかかわらず証人の語る物語に迫真性を持たせ、信用性を高めることがあります。このような場合には、原供述を聞いた事実それ自体に、自然的関連性がないとはいいにくい場合があります。もちろんこのような場合であっても伝聞の異議を述べておかないと伝聞証拠としての利用に同意したとみなされるおそれがある（最決昭和59年2月29日刑集38巻3号479頁〔24005947〕）ため、異議を述べておく必要があります。異議を述べておけば、少なくとも伝聞証拠としての利用は禁じられることとなります。上記尋問例における裁判所の訴訟指揮は、伝聞の異議をとどめたうえで質問自体は継続させるというものであり、このような理解に立ったものということができます。

　ただ、このような論法により質問が続行されれば、弁護側に不利益な事実の供述は垂れ流しとなります。伝聞の異議をとどめたとしても、事実認定者に対する事実上の影響が拭えないと感じられる場合も少なくありません。このような場合、仮に当該供述の存在に自然的関連性が否定できない場合であっても、証人の立証事項との関係での重要性と、又聞きの供述に事実認定者が触れる弊害とを比較考量して、法律的関連性を否定すべき場合があるとの指摘があります[14]。

　本件事例と同様に初期の供述の存在の証拠能力が問題になった事案で、本書執筆者の1人が、控訴審で興味深い逆転無罪判決を獲得していますので紹介いたします。

　当該事案は、小学校教諭が女児にわいせつ行為をしたと疑われた強

14　山本衛「裁判員裁判における伝聞証言と関連性」後藤昭編集代表・安部祥太＝角田雄彦＝笹倉香奈＝緑大輔編集『裁判員時代の刑事証拠法』日本評論社（2021年）216頁以下。なお、このような見解に対し、明文のない「関連性の欠如」による説明ではなく、端的に法320条1項によって禁じられると解すべきであるとする見解として、濱田毅「非伝聞の許容性と『衡量基準』」同志社法學73巻6号（2021年）133頁。

2. 甲号証 （5）検察官面前調書② 被害者家族の供述調書

制わいせつ被告事件でした。伝聞例外で採用された女児の供述の証明
力評価が問題となりましたが、当該女児の供述を支える証拠として、
女児から聞き取りを行った保護者・親族や学校関係者の証人尋問が行
われました。立証趣旨は「女児から被害申告を受けた際の状況等」で
した。上記と同じ、「供述経過」なり「供述の存在自体」の立証です。
第一審は、この被害申告の際の供述について、女児が保護者による聞
き取りにおいて、聞かれたことはある程度具体的に供述していること、
女児が学校関係者に対しても、被告人に触られた時の状況について具
体的に供述していることから、女児の初期供述の内容は、創作可能性
がおよそ考えられないような具体性を持ったものといえるという内容
の説示をして、被告人を有罪としました。控訴審において、この第一
審判断について、この聞き取りの内容を実質証拠として利用している
から伝聞法則の違反であるとして、訴訟手続法令違反の主張をしまし
た。

　控訴審は、この判断を受け入れ、まず当該供述をこれらを罪体の認
定に用いることはできないことを確認しました。そのうえで、補助証
拠としての位置づけについて、供述経過として女児の母や学校関係者
に対して具体的な供述を女児がしていたと仮に認められるとしても、
実質証拠たる供述が具体性を備えているといえるのでなければ、具体
的な初期供述をもって実質証拠たる供述の信用性が高まるとはいえな
いと考えられるのに、原判決は実質証拠たる供述の信用性を高める理
由についての説示を欠いている、と判断しました。そして、供述経過
を実質証拠的に用いた原判決を破棄し、事実認定としても無罪の結論
を導いたのです。

　このように、供述経過の立証だからといって安易に利用を認めるの
ではなく、同意しないことはもちろん、関連性の異議を的確に出し、
さらに証拠能力が認められた場合であっても補助証拠としての証明力
を厳密に考えていく必要があります。

Ⅰ　検察官請求証拠編

※本コラムは、K-Ben NextGenの若手弁護士・修習生限定のオンラインサロンにおいて配信した「ケージェネマガジン」の一部を抜粋しました。

（6）司法警察員面前調書　障害のため公判廷で証言をすることができない可能性のある者の供述調書

甲6号証：須田優の司法警察員面前調書

立証趣旨：被告人が甲山花子に日常的に暴力を振るっていた状況等

作　成　日：令和5年7月17日

作　成　者：司法警察員　高橋宗春

供　述　者：須田優

内　　　容：以下の内容の司法警察員面前調書であり、須田優の署名、捺印がある。

供　述　調　書

本籍　　東京都三鷹市D町9―8―4
住居　　東京都中野区C町一丁目2番4号
職業　　アルバイト

氏名　　須田優（すだ　ゆう）
昭和63年7月8日（35歳）

　私は、甲山太郎さん達ご家族の住んでいる家の隣に住んでいます。今の家に住んで10年ほどになります。甲山さん達ご家族とは、ご近所付き合いをさせていただいていました。

　甲山太郎さんの印象ですが、私から見ると穏やかな方で、娘さんもかわいがっている様子でした。家族で仲良く出かける姿を見ることが多かったです。

　令和5年6月8日、甲山太郎さんが、娘さんの花子ちゃんをたたく様子を見たときのことについてお話します。

2. 甲号証

（6）司法警察員面前調書　障害のため公判廷で証言をすることができない可能性のある者の供述調書

　先ほど申し上げたとおり、私の家は、甲山さんの自宅の隣です。私の家の階段を登りきったところに窓があり、そこにはカーテンをかけているのですが、夏場はカーテンと窓をあけて、風をいれるようにしています。その窓からは、ちょうど甲山さんの２階の様子が見えます。甲山さんの２階の窓はそれなりに大きいので、甲山さんの２階の廊下の様子が見えます。もちろん、普段は白いレースのカーテンがかかっていますが、この日はカーテンは開いていた記憶です。甲山さんのご自宅とは、５メートルほど離れています。

　私が２階のベランダに干した洗濯物を取り込んで、２階の廊下を通って階段を降りようとしたとき、甲山さんのご自宅のほうから、大きな怒鳴り声がきこえました。男性の声でした。

　私は驚いて、自宅の２階の窓から、甲山さんの自宅の方を覗きました。他人様の家の中を覗き見するなんて、申し訳ないとも思ったのですが、突然かなり大きな声がしたので、心配になって覗いてしまったというのが正直なところです。

　私が甲山さんのご自宅の窓を見ると、階段の方に向かって甲山太郎さんらしき男性が立っていました。その向かいには、全身が見えていたわけではありませんが、小さな女の子が立っており、太郎さんの娘さんだと思いました。私から見て太郎さんは右、娘さんは左で、二人は向かい合って立っている様子でした。

　すると太郎さんが突然右手を挙げて娘さんの方に振り下ろしました。娘さんの体のどこにあたったか、正確には見えませんでしたが、顔に当たったように思います。そして、その直後、ガタガタっというような、人が落ちるような音がして、娘さんの姿が見えなくなりました。私は、平手打ちをされた娘さんが、階段を転げ落ちたのだと思いました。私は怖くなって、すぐに階段をおりてその場を離れましたので、そのあと甲山太郎さんが何をしていたのか見ていません。

　私は、隣の家の中を覗き見してしまったという後ろめたさや、暴力の場面を目撃してしまって、怖くなったことから、このことをしばらく誰にも言えませんでした。事件の３日後くらいに、警察官が、私の自宅をたずねてきて、事件当日に何か変わったことはなかったか、聞かれました。しかし私は、先程述べたような気持ちや、もし私が見たことを話したら、事件に巻き込まれてしまって、甲山太郎さんに恨まれるかもしれないと、怖くなってしまい、大きな声や、人が落ちる音はもしかしたら聞こえたかもしれないけど、何も見ていないと答えました。

> しかしその後、近所の噂話で、甲山さんの娘さんが大怪我をしたこと、警察が甲山太郎さんがやったと疑っているらしく、近所を回って、甲山太郎さんがいままで娘さんに暴力を振るっていなかったか聞き込みをしていること、甲山さんの奥さんもとても悩んでいる様子であることを聞きました。私はかなり悩みましたが、私が黙っていると、真相が明らかにならず、奥さんの悩みも消えないと思い、自分で警察署に行って、私が見たことをお話しました。
>
> 須　田　　優　㊞

※同調書が作成された３か月後、須田優は不慮の交通事故により、発語ができない状態となり、また指先に振戦（指先が意思に反して大きく震える、運動機能障害）が生じている。

【解　説】

　甲６号証を不同意にした場合、検察官は、同書証を伝聞例外書面として再度証拠調請求をする可能性があります。検察官は、仮に須田優の証人尋問を請求したとしても、発語ができないことから証言ができないと考えるでしょうから、証人尋問請求をしないことが見込まれます。甲６号証は被告人以外の者の供述を録取した書面で、供述者（須田優）の署名若しくは押印のあるものであって、かつ裁判官や検察官の面前における供述を録取したものではありません。ですから、法321条１項３号に基づき、取調べが請求されることになります。須田優は交通事故にあい、発語ができない状態になっています。ですから、①「精神若しくは身体の故障」により「公判準備又は公判期日において供述することができ」ないといえるか（いわゆる「供述不能」の要件）が問題となります。また、②甲６号証に記載された供述が「犯罪事実の存否の証明に欠くことができないものである」といえるか（いわゆる「不可欠性」の要件）、そして③「その供述が特に信用すべき情況の下にされたものであるとき」に該当するか（いわゆる「特信性」の要件）が問題となります。①②③のいずれの要件も充足されなければ、証拠能力は認められません。

　同号に基づく証拠能力の要件は、このように相当厳格なものです。ですから、同号に基づく証拠調請求が検察官からなされるケースは、そこまで多く

（6）司法警察員面前調書　障害のため公判廷で証言をすることができない可能性のある者の供述調書

はありません。不同意との意見が述べられた後に、同号に基づく証拠調請求がされず、撤回されることが多いといえます。とはいえ、否認事件において、争点に関連する重要な供述が記載されていて、供述者が死亡していたり、公判廷で証言できないほどの怪我や病気があるときには、同号に基づく証拠調請求がされる場合は確かにあります。弁護人としては、そのような場合にどのようにして要件を争っていくべきか、知識を身につけておく必要があります。

　同号の要件が充足されるか否かは、いわゆる訴訟法上の事実に当たりますから、厳格な証明（刑事訴訟法の規定により証拠能力が認められ、かつ、公判廷における適法な証拠調べを経た証拠による証明）ではなく、自由な証明により認定してよいというのが通説的見解です[15]。検察官は同号に基づく証拠調請求をする際に、上記①ないし③を基礎付ける資料を提出することが通常であるところ、自由な証明で足りるのであれば、伝聞証拠に該当するような書面によっても、証明することができます。本件では、例えば、①の要件に関連し、供述者である須田優が入院している病院の医師や看護師から検察官が聞き取った内容を記載した電話聴取報告書（医師や看護師の署名捺印がないもの）であって、須田優が発語ができず、振戦が生じている旨記載したもの等が、裁判所に提出されることが考えられます。③の要件に関連し、甲6号証を作成した司法警察員である高橋宗春からの電話聴取書等（供述時の須田優の様子等について述べたもの）が提出されることもあります。また、本件とは異なり、共犯者の司法警察員面前調書が同号に基づき証拠調請求される場合においては、同調書が作成された取調べの様子を記録した録音録画媒体が、③特信性を証明するための重要な資料として活用されることもあります。録音録画媒体自体が実質証拠として証拠調請求される場合ももちろんあります。

15　条解刑訴法〈第5版増補版〉864頁、後藤昭「厳格な証明と自由な証明」後藤昭＝高野隆＝岡慎一編著『実務体系　現代の刑事弁護　第2巻　刑事弁護の現代的課題』第一法規（2013年）255〜267頁は、伝聞例外の要件となる事実は訴訟法的な事実として自由な証明で足りるとするのが通説的見解としつつ、実務上は厳格な証明を適用する例も多いとする。

I　検察官請求証拠編

　自由な証明である以上、裁判所に提出された、かかる書面等のみに基づいて甲6号証の証拠能力が判断されることもあり得ます。伝聞証拠に当たる書面のみで足り、当該書面における供述者（上記の例だと、例えば須田優が入院している病院の医師や看護師、司法警察員である高橋宗春など）の証人尋問は不要ということです。現在の実務傾向に照らしても、自由な証明で足りると解したうえで、伝聞例外に当たるような書面のみに基づいて証拠能力を判断することの方が一般的かもしれません。ただ、裁判体によっては、供述不能の要件や特信性の要件を基礎付ける事実の有無について、弁護人に反対尋問の機会を与える方が公平かつ適切な判断ができると考え、検察官に対し、人証により同要件を明らかにするよう求めることがあります。弁護人としても、当然ながら、反対尋問の機会を利用して、同要件が欠けていることを明らかにできる可能性がありますから、積極的に証人尋問請求をし、証人の採用を求めるべきです。なお、公判前整理手続の中で、事実の取調べとして尋問を行うのか、公判審理の中で行うかは、裁判員裁判であるか否か等によって変わってくるでしょう。重要な書面の証拠能力が問題になっているのであるとすれば、公判前整理手続でその証拠能力を決定するのではなく、裁判員のいる場でそれに関する審理を行うべきだ、というのが原則的な考え方になるでしょう。

　それでは、反対尋問をするとして、どのようなターゲットを設定して尋問をするべきでしょうか。もちろん事案や供述内容によってターゲットは千差万別ですから、一般化することはできません。ただ、本件でどのようなターゲットで尋問を行うかを具体的に考えてみることで、読者の皆さんもイメージしやすくなるかもしれません。

　まず供述不能要件（上記①）についてです。須田優が生活しているリハビリ施設の職員が出廷したとしましょう。弁護人は例えば「振戦の影響は限定的であり、筆記具やノートパソコン等を使えば意思疎通はできる」というターゲットを設定して、それを基礎付ける事実を獲得していくことがあり得ます。というのも、公判廷での証言は、必ずしも口頭による発語でなさなければならないわけではありません。病気等によって口がきけない者については、筆

2. 甲号証
（6）司法警察員面前調書　障害のため公判廷で証言をすることができない可能性のある者の供述調書

談によって証言がなされることもあります。規則125条は「証人が耳が聞えないときは、書面で問い、口がきけないときは、書面で答えさせることができる」としています[16]。弁護人としては、このような書面（筆談）の方法により証言をさせることができるではないか、という点をターゲットに盛り込むことがあり得ます。

　次に不可欠性要件です（上記②）。これは、当該供述調書によって立証しようとする事実に関し、他に立証できるような証拠が存在するか、という観点と、当該供述調書によって立証しようとする事実が、公訴事実の立証においてどれほど重要か、という観点から判断されます。本件の甲6号証に記載された須田優の供述内容は、公訴事実に記載された甲山太郎による暴行の存在そのものを明らかにするものです。また、同暴行の存在に関する証拠は、花子の供述を除いては、甲6号証の他にはありません。暴行について、須田優は唯一の目撃者です。不可欠性要件は認められる可能性が高いといえます。

　特信性要件（上記③）についてはどうでしょうか。法321条1項2号と異なり、これは絶対的特信性を意味します。他の供述との比較ではなく、当該書面が信頼に足りる情況において作成されているかをみて、その供述の特信性が認められるかが問われているわけです。ここで直接問題とされているのは、その供述内容の信用性の有無自体ではありません。あくまで、供述内容の信用性を担保するような外部的な情況の存否が問題とされていることに注意すべきです（ただし、供述内容そのものも、かかる外部的な情況の存否の判断資料としてよい、とされています）[17]。ここで悩ましいのが、どのような事情があると、「供述内容の信用性を担保するような外部的情況」があるといえるのか、ということです。以下のような場合には認められやすいといわれています[18]。

❶供述時の精神的又は身体的苦痛に関する事件直後の供述

16　条解刑訴法〈第5版増補版〉279頁は「後天的に障害を生じた者のように、読み書きによって直接自分の意思を表示することができる限り、筆問筆答による方が相当であろう」とする。

17　大コンメンタール刑訴法（7）〈第2版〉609頁。

18　江家義男『刑事証拠法の基礎理論〈訂正版〉』有斐閣（1952年）74頁以下。

❷供述時の計画、動機、感情などの事件発生前における自然的な供述

❸事件に関係ある客観的事実に関する、事件中又は事件直後における衝動的供述

❹臨終の供述

❺公文書及び業務文書

❻自己の利益に反する事実に関する供述

　特信性要件の判断の場においては、知覚・記憶・叙述に関して誤りが混入している具体的な可能性の有無が、時間の経過による記憶の低下の可能性の程度や、供述がなされた情況の真摯さ等に着目したうえで評価されている、と考えることもできます。福岡高判昭和28年8月21日高裁刑集6巻8号1070頁〔27914937〕は、この点について判断を示した事例です。自動車事故により瀕死の状態にある被害者が、事故から間もない時点で「やられたやられた、小森小森」と発言していた（「小森」とは、同被害者をひいたとされる自動車の所有者）、という内容の、事件関係者の証言について、伝聞証言であるとしながら、特信性を肯定しています。特信性が肯定される典型的な場合の1つといえるでしょう。

　本件で、特信性を明らかにするために警察官高橋宗春が証人として採用されたとして、どのような反対尋問を行うべきでしょうか。重要なのは、同供述調書に記載された供述について、知覚・記憶・叙述に関し誤りを生じさせるような外部的な事情があった、という可能性を示す、具体的なケースセオリーを立てて、それを明らかにするために必要な事実を獲得する、という姿勢を持つことです。上記❶〜❻の裏返しですが、例えば供述時と事件時（体験時）との間に時間的間隔があり、その間に記憶が減退した可能性が高い、といった事情を指摘することはあり得るでしょう。さらに、供述内容も資料にできるところ、知覚の過程で誤りが混入している可能性が高く、その誤りを反対尋問で除去できないことによる誤判の危険性が高い、ということを示すケースセオリーもあり得ます。

　例えば本件では、以下のようなケースセオリーを立てたとします（知覚の不十分さと、体験時からの時間の経過により記憶に誤りが混入した可能性の

2. 甲号証

（6）司法警察員面前調書　障害のため公判廷で証言をすることができない可能性のある者の供述調書

両方に着目するものです）。

　「実際には須田優は階段上で甲山太郎と花子が言い争う姿を見たにすぎないが、甲山太郎が平手打ちをする姿は見ていない。他人の家を覗き見していたことから、あまり長時間観察するのは申し訳ないと思い、すぐ目をそらした。階段から転落する音は聞いた。暴行を見たはっきりした記憶はなかったから、最初は警察官に、音は聞こえたかもしれないが何も見ていないと説明した。その後、警察や近所の人を通じて、『花子が殴られたと言っている』と何度も聞いたことから、平手打ちの場面を目撃したのかもしれない、と思い込むようになった」。

　これに基づき、髙橋宗春警察官に対し、以下のような反対尋問をすることが考えられます。

《髙橋宗春の尋問例》

（弁護人）須田さんがあなたに、甲山さんが殴っているのを見た、と初めて話したのはいつですか。

（証　人）先ほど主尋問でお話した、供述調書を作成した日になります。

（弁護人）事件から、既に1か月以上たっていたわけですね。

（証　人）そうなります。

（弁護人）あなたは、事件の3日後、甲山さんの自宅近くのお宅を何件か聞き込みに回りましたね。

（証　人）はい、そのような捜査を担当しました。

（弁護人）須田さんのお宅にも行きましたか。

（証　人）はい。

（弁護人）そして須田優さんと話をしましたか。

（証　人）しました。

（弁護人）須田さんに、事件の日に何か変わったことはなかったか、と聞きましたか。

（証　人）くわしい言葉づかいは覚えていませんが、そのようなことを言いました。

I　検察官請求証拠編

（弁護人）須田さんは、「甲山さんが殴るところを見た」とは言わなかった
　　　　んじゃないですか。

（証　人）この時はそうだったと思います。

（弁護人）須田さんは、言い争いの音は聞いた、とか、階段を落ちる音は
　　　　聞いた、と言っていたけど、殴るところを見たとは言わなかっ
　　　　たんですね。

（証　人）そうです。

（弁護人）あなたは、須田さんが何か見てるかもしれない、と思いましたか。

（証　人）音は聞いてた、というので、もう少し事情を聞いてみようと思
　　　　いました。

（弁護人）もう少し聞いてみたら、思い出すかもしれない、そう思った、
　　　　ということですか。

（証　人）……まあそうですね。

（弁護人）ところで、警察官として須田さんの家に行ったとき、甲山さん
　　　　の家で事件があった、ということは伝えましたね。

（証　人）はい。

（弁護人）事件があって、聞き込みをしていると。

（証　人）まあ、そうですね。

（弁護人）花子さんが怪我をした、ということは伝えましたか。

（証　人）簡単には言いました。

（弁護人）花子さんが殴られたかもしれないということも言いましたかね。

（証　人）……簡単には言ったかもしれません。

（弁護人）須田さん以外の近所の人にも聞き込みをしましたね。

（証　人）はい。

（弁護人）近所の人に、「花子さんが殴られたと言っている」と言いました
　　　　か。

（証　人）言っていると思います。

　なお、特信性要件は、それほど簡単に充足されるものではなく、特信性が

2. 甲号証
（6）司法警察員面前調書　障害のため公判廷で証言をすることができない可能性のある者の供述調書

ないとして証拠調請求が却下されることは多々あります。裁判所も慎重に判断する傾向があります。

コラム　証拠弁論

　本書で扱っている伝聞証拠にかかわらず、取調請求されている証拠の証拠能力についての意見を、弁護人が述べる場面があります。意見を述べる方法としては、公判期日間や打合せ期日、公判前整理手続期日の合間に、意見書を提出することが一般的かもしれません。もっとも、公判期日において、口頭で意見を述べることもできます（「証拠弁論」ということもあります）。裁判員裁判などでの、ペーパーレスでの弁論をイメージしていただければと思います。口頭でその場で裁判官を説得する技術は、うまく活用すれば絶大な効果を生みます。その証拠の採否が勝敗を分けるような事案の場合は、単に意見書を送付して読んでもらう、というだけでなく、期日の中で弁論の時間をとってもらい、その場で裁判官を説得するアプローチが有効です。時間や分量は、もちろん常に最終弁論と同等でなければならないわけではありません。筆者の経験ですが、例えばある司法警察員面前調書の採否（供述不能か否か及び特信性の有無が争点）が問題となった事案では、作成者である司法警察員の証人尋問が終了した後、同一期日内で、直ちに15分程度の証拠弁論を行いました（別途、その要旨を書面として裁判所に提出しました）。他方で、決定的な証拠の違法収集証拠排除法則の適用を主張している事件などでは、当該証拠の採否はまさに有罪・無罪に直結するものであり、多数の事実・証拠の評価や議論が必要となりますから、最終弁論と同様に、相当長時間の弁論を行うことが必要になります。いずれにせよ、口頭で意見を述べる場合は、あらかじめ裁判所にその旨を伝えておく必要がありますし、そのための期日や時間を確保してもらわなければなりません。

73

I　検察官請求証拠編

　　どの時点で証拠能力についての意見を述べ、またそれに関する結論
　が出るか、すなわち「最終弁論で意見を述べ、判決で証拠採否の結論
　が示される」という形式に限られるかどうかについても簡単に解説し
　ます。違法収集証拠であるとして証拠の排除を主張しているような事
　件では、証拠調べの段階で、問題となっている証拠をいったん採用し
　たうえで、最終弁論の後、判決において、当該証拠の排除の有無の判
　断を示す、という審理が行われることがあります。この場合は、証拠
　能力に関する主張は、最終弁論の中で行うことになります。他方で、
　証拠の採否の結論が、証拠調手続の中で示される場合には、上記のよ
　うに証拠弁論を行う必要があります。この場合、もちろん証拠弁論と
　最終弁論は別途行うことになります。

　　さらに、裁判員裁判では別の問題が生じます。証拠の採否の判断を
　公判前整理手続の段階で行うか、裁判員が在廷する公判手続の中で行
　うかという問題です。

　　弁護人としては①どの時点で裁判所による判断を示すよう求めるの
　が効果的か、②どのような形式で意見をいうことが効果的かを考え、
　具体的な進行について裁判所と折衝することが求められます。

（7）検察官面前調書③　現在国外にいる者の供述調書

甲7号証：モルーマ・モトヤマの検察官面前調書

立証趣旨：事件当日に被告人方から罵声や転落音が聞こえた状況等

作　成　日：令和5年7月14日

作　成　者：検察官　桜日京子

供　述　者：モルーマ・モトヤマ

内　　　容：モルーマ・モトヤマ及び通訳人の署名、捺印がある検察官面前調
　　　　　　書であり、内容は以下のとおり。

2. 甲号証 （7）検察官面前調書③ 現在国外にいる者の供述調書

供 述 調 書

住居　東京都中野区Ｃ町一丁目２番２号
職業　アルバイト

氏名　モルーマ・モトヤマ
1998年５月５日（25歳）

　通訳人が話すネパール語はよく理解できますので、検察官が話す日本語も
よく理解できます。

　私はネパール国籍です。令和４年の年末に日本に来て、飲食店でアルバイ
トをしています。甲山さんの自宅の隣にあるアパートに住んでいます。

　甲山さんの自宅は、春頃からよく窓があいていて、家の中の話声などがた
まに聞こえることがありました。父親らしき男性の罵声がよく聞こえていま
した。

　事件があった６月８日のことをお話します。私はこの日、仕事が休みでし
たので、自宅でゴロゴロしていました。すると、夕方頃、突然、大きな音が
しました。

　よく聞いてみると、隣の甲山さんの方から、男性らしい人の怒鳴り声が聞
こえました。いつもより大きな声でした。

　私はこの時、音楽を聞いたりしていませんでしたし、テレビもつけていま
せんでしたから、音はよく聞こえました。私の家の窓もあいていました。

　しばらく音を聞いていると、父親らしき男性の怒鳴り声がしばらく続いた
後、突然、何か大きなものや人が落ちたような音がしました。

　私は怖くなりましたが、巻き込まれたくなくて、そのときは警察に通報す
ることはできませんでした。

モルーマ・モトヤマ　㊞

※同調書が作成される直前、モルーマ・モトヤマは、路上で深夜に、面識の
　ない女性に対して後ろから抱きつき、着衣の上から陰部を触ったとの強制
　わいせつの被疑事実で逮捕された。上記調書は、モルーマが同被疑事実で
　勾留されている間に作成された。モルーマは勾留期間満期に不起訴処分と

75

Ⅰ　検察官請求証拠編

なり、釈放された。在留期間を徒過していたことから、退去強制処分となり、母国であるネパールに強制送還された。第一回公判期日前の証人尋問は実施されなかった。

【解　説】

甲7号証を不同意にした場合、検察官は、甲7号証を伝聞例外書面として再度証拠調請求する可能性があります。この場合、証拠調請求の根拠となり得る条文として、法321条1項2号前段があります。供述者であるモルーマ・モトヤマはネパールにいることから、「国外にいるため公判準備若しくは公判期日において供述することができないとき」に該当するかが問題となります。一時的に国外にいる事実だけでは足りず、可能な手段を尽くしても、公判期日・公判準備期日に出頭させることができない事情があることが必要とされています[19]。したがって、国外にいたとしても、近い将来本邦内に入る見込みのある場合などは、同号に該当しない可能性があります。他方で、退去強制となっている場合は、再入国が難しいのが通常でしょう。したがって、甲7号証については同号前段に基づいて採用される、というのが通常の流れです。

もっとも、同号前段に関して、重要な裁判例があります。最判平成7年6月20日刑集49巻6号741頁〔27828360〕です。同判決は以下のように判示して、「手続的正義の観点から公正さを欠く」場合には、同号前段に基づいて供述調書を証拠とすることが禁じられる場合があるとしました。明文規定のない場面で、証拠禁止の可能性を示した判例と解されています。

「国家機関である検察官において当該外国人がいずれ国外に退去させられ公判準備又は公判期日に供述することができなくなることを認識しながら殊更そのような事態を利用しようとした場合はもちろん、裁判官又は裁判所が当該外国人について証人尋問の決定をしているにもかかわらず強制送還が行われた場合など、当該外国人の検察官面前調書を証拠調請求することが手続

19　東京高判昭和48年4月26日高裁刑集26巻2号214頁〔27681856〕。

76

的正義の観点から公正さを欠くと認められるときは、これを事実認定の証拠とすることが許容されないこともあり得るといわなければならない」。

しかし、検察官が国外への退去を殊更利用したり、証人尋問の決定後に強制送還がなされるといった場合や、それに比肩するような「手続的正義の観点から公正さを欠く」場合は、かなりまれであるといわざるを得ません。前掲平成 7 年最判〔27828360〕も、結論としては「本件検察官面前調書を証拠請求することが手続的正義の観点から公正さを欠くとは認められない」としています。弁護人としては、手続的正義の観点から公正さを欠くと認められるには、かなり高いハードルがあるとの認識を持つ必要があります。公正さを欠いていたとしても、その程度も問題となる、と考えるべきです。東京高判平成20年10月16日高裁刑集61巻 4 号 1 頁〔28155940〕は、前掲平成 7 年最判〔27828360〕の上記判示について、「上記判示の趣旨は、供述者が国外にいるため、刑訴法321条 1 項 2 号ないし 3 号所定の要件に該当する供述調書であっても、供述者の退去強制によりその証人尋問が実施不能となったことについて、国家機関の側に手続的正義の観点から公正さを欠くところがあって、その程度が著しく、これらの規定をそのまま適用することが公平な裁判の理念に反することとなる場合には、その供述調書を証拠として許容すべきではないという点にあるものと解される」としています。

それでは弁護人としてはどのように対応すべきでしょうか。

供述調書が採用された場合、当然ながらその供述に対して反対尋問権を行使することはできません。弁護人は、何とかして供述者が国外に出る前に反対尋問権を行使する機会を得ることを考えなければなりません。もちろん、強制退去の予定があることを事前に何ら把握していなかった場合は、弁護人としてもどうしようもないといえるでしょうが、仮に把握していた場合には、いくつかとり得る手段があります。

まず証拠保全の請求（法179条 1 項）を行い、当該供述者についての証人尋問を第一回公判期日前に行うよう求める方法です。「あらかじめ証拠を保全しておかなければその証拠を使用することが困難な事情」が存する場合に当たるといえますから、請求が認められます。その場合、証拠保全としての

証人尋問が行われることになります。ただし、証拠の開示を受ける前であり、ケースセオリーが確立されていない段階での尋問ですから、ポイントを絞った尋問を行うことは原理的に困難です。ある程度網羅的、探索的な尋問にならざるを得ません。それでも、尋問を一切行わないよりは被告人の利益になることは明らかでしょう。

もう1つの手段は、検察官に対し、第一回公判期日前の証人尋問（法227条1項）を請求するよう働きかけるというものです。検察官のみが請求権者ですから、検察官に同請求を行うよう申し入れることが考えられます。同項は「検察官、検察事務官又は司法警察職員の取調べに際して任意の供述をした者が、公判期日においては前にした供述と異なる供述をするおそれがあり、かつ、その者の供述が犯罪の証明に欠くことができないと認められる場合には、第一回の公判期日前に限り、検察官は、裁判官にその者の証人尋問を請求することができる」としています。取調べに際して供述した者について、退去強制の見込みがあり、海外にいるために公判期日に出頭することが困難となる可能性が高い者については、「公判期日においては前にした供述と異なる供述をするおそれ」があるとして、第一回公判期日前の証人尋問が認められるのが、現在の実務上の取扱いです。

法227条1項により請求された第一回公判前の証人尋問においては、「裁判官は、捜査に支障を生ずる虞がないと認めるときは、被告人、被疑者又は弁護人を前項の尋問に立ち会わせることができる」（法288条2項）とされており、被告人、被疑者又は弁護人の立会いは必要的とされていません。もっとも、弁護人が立会いを求めれば、通常は認められます。立会いが認められない事案もあるかもしれませんが、筆者の経験した事案では全件立会いが認められています。立ち会った場合に、弁護人は反対尋問を行うことができます。もっとも、事前に裁判所に対し、弁護人が立会いを求めること、反対尋問を予定していることを書面にて通知しておくことが安全といえるでしょう。

東京地判平成26年3月18日刑集70巻8号831頁〔28221504〕は、この点で非常に参考になる事例です。同事案では、事件関係者A（調書作成後に退去強制により国外に出国済み）の検察官面前調書が法321条1項2号前段によ

2. 甲号証 （7）検察官面前調書③ 現在国外にいる者の供述調書

り証拠請求されたことに対して、弁護人が、検察官がＡに対し、同人の身柄
拘束の基礎となった本件を含む被疑事実につき明示又は黙示に取引（不起訴
約束）をして内容虚偽の供述調書を作成したこと、Ａが出国間際であること
を検察官が被告人及び弁護人に明らかにせず、第１回公判期日前の証人尋問
その他被告人又は弁護人が反対尋問をする機会を失わせたこと等を根拠に、
同調書に証拠能力はないと主張しました。

　東京地方裁判所は、不起訴約束に当たるような取引があったことは否定し
ました。前掲平成20年東京高判〔28155940〕について「退去強制となった供
述者の検察官調書を証拠として採用する前提として、検察官のみならず、裁
判所はもとより入国管理当局を含めた関係国家機関が、当該供述者の証人尋
問を実現するために、相応の尽力をすることを求めているものと解される」
としました。そのうえで、公判担当検察官が、Ａが嫌疑不十分により不起訴
処分となったこと、在留期間が経過していることを認識しながら、そのこと
を被告人にも弁護人にも告げなかったこと、その後強制送還されたことを
知ったうえで、証明予定事実記載書とともにＡの供述調書の取調べを請求し
たこと等の経過を認定しました。そして、Ａの捜査を担当し被告人を起訴し
た検察官と公判担当検察官について、Ａの供述が被告人の有罪立証にとり重
要な証拠であるとともに、Ａが近日中に強制送還されて本件の公判期日にお
いて同人の証人尋問を行うことができなくなる高度の蓋然性があること、そ
の場合に法321条１項２号前段によりＡの供述調書の立証を用いると、被告
人や弁護人はその内容について反対尋問を行う機会がないことを認識してい
たことから、「起訴後直ちに、弁護人に対して、Ａの供述調書を証拠請求す
る見込みや同人が釈放され、在留資格がないことから退去強制処分を受ける
可能性があることを連絡し、弁護人に刑訴法179条に基づく証拠保全として
Ａの証人尋問請求をする機会を与えるか、何らかの事情によりこれが困難な
場合には、次善の方策として、検察官がＡについて刑訴法227条による第１
回公判期日前の証人尋問を裁判所に請求するなど、同人の証人尋問の実現に
向けて相応の尽力をすることが求められていた」としました。さらに、「Ａ
は入国管理局による収容から14日後に強制送還されているが、東京地方裁判

79

所における証拠保全手続の運用からすると、この間に弁護人が証拠保全請求をして証人尋問を実現できる可能性は十分あり、裁判員裁判事件における現在の証拠開示の運用に照らせば、検察官が速やかにＡの供述調書等を任意開示することで、実効性のある証人尋問を行うことができた可能性も高い」としました。最終的に裁判所は「Ａの本件各供述調書を刑訴法321条１項２号前段により証拠採用することは、国家機関の側に手続的正義の観点から公正さを欠くところがあって、その程度が著しいと認められるし、将来における証人審問権に配慮した刑事裁判手続を確保するという観点からも、到底許容することができない」としました。

　判示からも明らかですが、検察官が、それが容易であるにもかかわらず、Ａの供述調書を証拠請求する見込みがあることや、同人が釈放され、退去強制処分を受ける可能性があることを被告人及び弁護人に伝えなかったことが重視されています。結果的に証拠保全や第一回公判前の証人尋問を行う機会を奪ったといえるかどうかがポイントとなっています。裏を返せば、弁護人が、供述者が強制送還される予定であることを知りながら、証拠保全を請求したり、検察官に対して第一回公判前の証人尋問の請求をすることを促すといった行動をあえてとらなかったような場合にまで、証拠能力が否定されるとは考えにくいといえます。

　近時の運用としては、証拠構造上重要な証人について国外退去の予定があるときには、検察官がすすんで第一回公判期日前の証人尋問を請求するとともに、弁護人にもあらかじめその旨を通知することが多いといえます。もっとも、検察官がかかる通知をせずに証人尋問に立ち会えなかった場合や、反対尋問権を行使できなかった場合などには、上記裁判例の趣旨を踏まえ、伝聞例外として供述調書を採用することが手続的正義の観点から許容されないとの意見を、弁護人が積極的に述べる必要が高いといえるでしょう。

（8）写真撮影報告書

甲８号証：写真撮影報告書

2. 甲号証 （8）写真撮影報告書

立証趣旨：被害者と被告人、友人とのメッセージアプリの内容等
作 成 日：令和5年6月16日
作 成 者：司法警察員 瀬川正雄
内 容：司法警察員瀬川正雄の署名押印のある報告書。内容は以下のとおり。

写真撮影報告書

令和5年6月16日

警視庁西警察署長
司法警察員警視 中田潤平 殿

警視庁西警察署
司法警察員 瀬川 正雄 ㊞

　被疑者甲山太郎に対する傷害被疑事件につき、被害者甲山花子の携帯電話画面を写真撮影した結果は、下記のとおりであるから報告する。

記

1 撮影日時
　　令和5年6月15日
2 撮影場所
　　警視庁西警察署
3 撮影者
　　本職
4 撮影対象
　　被害者甲山花子の携帯電話機内に記録された、被害者と被疑者とのメッセージアプリ「MINE」上のメッセージのやりとり及び被害者とその友人と思料される「さやか」とのメッセージのやりとり。
5 措置
　　令和5年6月5日から6月11日までの、被害者と被疑者及び被害者と「さやか」とのメッセージのやりとりの状況を撮影した写真20枚を、本報告書末尾に添付した。

81

I 検察官請求証拠編

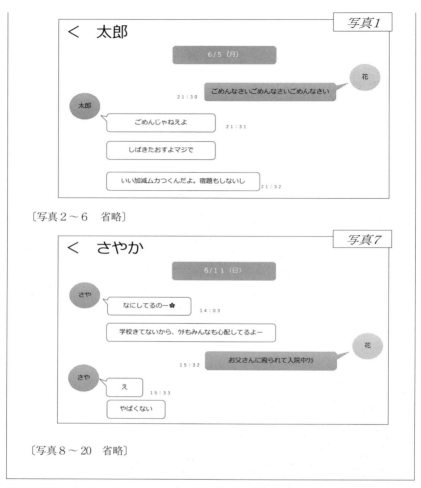

※「MINE」とは、スマートフォン上で使用できる、メッセージアプリであり、登録したユーザーの間で、短文のメッセージをやりとりできるものである。短文のメッセージは、画面上に時系列に並んで表示され、左側に相手方の送信メッセージが、右側に当該端末使用者の送信メッセージが表示される。

【解　説】

　甲8号証を不同意にした場合、検察官の対応にはいくつかのパターンがあ

2. 甲号証 （8）写真撮影報告書

ります。1つは、甲8号証に添付されている写真を証拠物として取調請求するとともに、甲8号証の作成者である瀬川正雄等を証人請求し、同人らの証言によって写真の関連性を立証したうえで、写真を証拠物として採用するよう求めるパターンです。この場合、証人尋問で立証されるのはあくまで同写真に記録されたメッセージアプリ上のメッセージが本件との間で関連性を有するか否かですから、「MINE」の内容が事件の争点と全く無関係とはいえないこと、その前提として、瀬川が撮影した携帯電話が、花子の使用していた携帯電話だといえるか、といった点が証言によって立証されなければならないということになります（したがって、瀬川だけでなく、同携帯電話を花子から押収した手続に関与した警察官等の尋問が必要となる可能性があります）。

もう1つは、甲8号証自体を、伝聞例外書面として取調請求するパターンです。ここでは、主として伝聞例外書面として取調請求するパターンについて解説します。

甲8号証は名称こそ「写真撮影報告書」であり、検証の結果を記載した書面ではなく、また任意捜査である実況見分の結果を記載した「実況見分調書」でもありませんが、その性質は同一であり、いずれも客観的・技術的性質を有しており虚偽を造出する余地が乏しいことから、法321条3項が準用されると解されています[20]。すなわち、作成者である瀬川正雄が「公判期日において証人として尋問を受け、その真正に作成されたものであることを供述したとき」には、証拠として採用されます。このため、甲8号証に「不同意」との意見を述べた場合、まず裁判所や検察官から「作成の真正は争うか」とたずねられることがあります。もちろん、作成の真正について立証を求めたり、真正を争うために作成者に反対尋問をしたい場合には「作成の真正を争う」と回答すればよいということになります。逆に「作成の真正は争わない」と回答した場合は、甲8号証が法321条3項により取調請求された際に、採用されることとなります。条文上は「その供述者が公判期日において証人として尋問を受け、その真正に作成されたことを供述したとき」にはじめて証

---

20 大コンメンタール刑訴法（7）〈第2版〉619頁参照。

83

拠とすることができるとされていますから、「真正を争わない」と述べたとしても、作成者が証言をすることが必要なのではないか、と思われるかもしれません。しかし、東京高判平成18年6月13日高裁刑集59巻2号1項〔28135111〕は「作成の真正の立証は、本来は、同条項が規定しているとおり、作成者が公判期日において真正に作成したものであること、すなわち作成者が自ら作成したことと検証又は鑑定の結果を正しく記載したことを証言することによって行われるものであるが、その趣旨は、その点についての反対尋問の機会を付与するためのものであるから、書面の体裁等から作成名義人がその書面を作成したと認めることを疑わせる事情がなく、しかも、相手方当事者が作成の真正を争わず、その点に関する作成者への反対尋問権を行使しない旨の意思を明示したような場合には、作成の真正が立証されたものとして扱うことが許されるものと解するのが相当である」と判示しています。

前述の「証拠物」として採用する手続がとられた場合や、「同意」と意見を述べ、あるいは「作成の真正は争わない」と述べ、又は作成の真正が立証されたことによってメールやメッセージなどを撮影した写真や、その存在を明らかにする捜査報告書等が証拠として採用された場合にも、気をつけなければならないことがあります。メールやメッセージも、供述調書などの記載と同様に、メールやメッセージにおいて言及されている事実が真実であることを推論する目的で用いられる場合があります。そしてその場合、メールやメッセージは公判廷外でなされた供述ですから、伝聞証拠となります。すなわち、メールやメッセージに記載された事実の真実性を立証するために用いられる場合は、伝聞証拠となり、別途伝聞例外の要件を満たさなければ証拠能力がないことになります。

伝聞例外の要件としては、法321条1項3号があり得ます。メールやメッセージは裁判官や検察官の面前でなされた供述を録取した書面ではなく、送信者自身が供述を打ち込んだ供述書に当たる可能性がありますから、「前二号に掲げる書面以外の書面」（法321条1項3号）に該当します。供述録取書の場合は、「供述者の署名若しくは押印のあるもの」との形式的要件が必要となりますが（法321条1項柱書）、供述書の場合は不要です。そのメッセー

ジが、メッセージの送信者による「供述書」（法321条１項柱書）に当たるかを検討する必要があります。「供述書」とは、供述者自らその供述内容を記載した書面であり、供述者自身が作成したものである限り、自筆であることは必要なく、ワープロ・パソコン等によるものであっても差し支えないとの理解が一般的です[21]。ただし、供述者（ここではメッセージの作成者）自身が作成したものである、という点については明らかにする必要があります。メッセージ送信者の、当該メッセージを送ったのは自分である旨の供述（自由な証明で足りるとの立場からは、公判廷外での供述でもよい）などで、明らかにすることが考えられます。

　さらに、メッセージやメールが「供述書」に当たるとしても、供述不能要件や不可欠性要件、特信情況など、同号の他の要件を充足する必要があるのは当然です。これらの要件を満たさない限り、メールやメッセージは、メールやメッセージにおいて言及されている事実が真実であることを推論する目的で用いることはできない、ということになります。

　本件について具体的に検討します。

　まず立証趣旨を確認すると、「被害者と被告人、友人とのメッセージの内容等」とされています。単にメッセージの内容（どのような内容のメッセージがやりとりされたか、という外形的事実）を立証しようとするものであって、「MINE」上のメッセージの内容の真実性を立証しようとするものではない、と読めます。もっとも要証事実は検察官の掲げる立証趣旨に限定されるものではありませんから、証拠能力は実質的に判断する必要があります。

　花子が被告人に対し「ごめんなさいごめんなさいごめんなさい」と送信し、それに対して被告人が「ごめんじゃねえよ」「しばきたおすよマジで」「いい加減ムカつくんだよ。宿題もしないし」と返信しているやりとりについては、謝罪や、指示・命令としての発言ですから、メッセージにおいて言及されている事実が真実であることを推論する目的で用いるわけではないといえます[22]。したがって、甲８号証の作成の真正が立証された場合には、そのまま

21　大コンメンタール刑訴法（７）〈第２版〉585頁以下。

Ⅰ　検察官請求証拠編

証拠能力が認められることとなります。

　他方で花子が友人の「さやか」に対し「お父さんに殴られて入院中」などと送信しているやりとりについては、お父さん、つまり被告人に殴られた事実、それによって入院中である事実を立証する目的が考えられます。これを立証する証拠として用いる場合には、まさにメッセージにおいて言及されている事実が真実であることを推論する目的で用いられる可能性を有しており、その場合は伝聞証拠となります。上記のように、このメッセージが花子による「供述書」（法321条１項柱書）であることが認められたとしても、供述不能など、同項３号の要件が充足されなければ、証拠能力は認められず、実際にかかる要件が充足されるとの事情はありません。そしてこのメッセージの存在自体が（その内容の真実性を度外視して）関連性を有しないのであれば、このメッセージの証拠能力はないということになります。花子が入院中であることを「さやか」に説明したことや、どのような言葉で入院の理由を説明したかを明らかにしたとしても、公訴事実の立証に役立つとはいえず、花子と「さやか」とのメッセージの存在自体に関連性は見いだし難いといえます[23]。

　以上を踏まえると、弁護人としては、採用決定の際に以下のような意見を述べることが考えられます。

《瀬川正雄の証人尋問が終了した後のやりとり》

（検察官）先ほどの瀬川証人の証言により、甲８号証の作成の真正が立証されましたので、甲８号証を刑事訴訟法321条３項に基づいて採用するよう求めます。

22　前掲注２・後藤３頁においては、「供述とは、人がある事実の存否という情報を伝えようとする言語的な表現である」と定義されている。かかる見解に基づけば、被告人及び花子のメッセージは、事実の存否という情報を伝えるものではなく、そもそも供述にあたらないから、当然伝聞証拠とならない、という説明も可能であるように思われる。

23　検察官が「花子が同メッセージを送付した時点で、被告人による暴行被害を伝えていたこと自体が、公判廷における花子の、暴行被害にあった旨の供述の信用性の補助事実（信用性を支える事実）として意味がある」と主張することはあり得る。この場合、検察官は、同メッセージは非伝聞証拠としても関連性を有すると主張していることになる。しかし、公判供述と一致する過去の供述が、常に非伝聞証拠として関連性を有するかは別問題である。

（裁判所）弁護人、ご意見はいかがでしょうか。

（弁護人）作成の真正が立証されたこと、甲8号証が刑事訴訟法321条3項
の要件を充足することについては異議ありません。しかし甲8
号証に記載されたメッセージのうち、写真7の花子のメッセー
ジ（「お父さんに殴られて入院中」）については、非伝聞証拠と
しては関連性がなく、刑事訴訟法321条1項3号の伝聞例外の要
件も充たしませんから、この部分について証拠とすることに異
議があります。

（裁判所）ただいま弁護人が異議を述べた部分を除いた範囲で、甲8号証
を刑事訴訟法321条3項に基づいて採用します。検察官は採用部
分の内容について要旨の告知をしてください。

なお、このような意見を述べた場合に、裁判所が問題となる写真7のメッ
セージを確認したうえで証拠能力を判断したいと考え、採用決定の前に提示
命令（規則192条）により、証拠の内容を確認することが多いといえます。
この場合、異議を述べた花子のメッセージも裁判所の目に触れることになり
ますが、証拠として採用されるかどうかは別の次元の問題です。

コラム　証拠物としての採用

　書面の請求に対して不同意意見を述べた際、「それでは、証拠物と
して請求します」とされ、その後「証拠物として採用」されるという
ことがあります。

　証拠物であるか、証拠書類であるか、あるいは証拠物たる書面であ
るかは、基本的に証拠の取調べ方法に着目した分類です（法305条な
いし307条）。このうち証拠書類は、例えば捜査機関などが作成した
書面など、その存在自体に争いがなく、その記載内容に意味のある、
書類の証拠を指すと解されます。他方で、証拠物たる書面とは、例え

ば脅迫状や日記帳など、物の存在や形状が立証されることに意味がある証拠であると考えられています[24]。

　証拠書類はすべて伝聞証拠であるわけではありません。例えば典型的な証拠書類である供述調書も、自己矛盾供述の存在を立証するために用いられるのであれば、非供述証拠として伝聞証拠にはならなくなります。他方で、証拠物たる書面であっても、例えば被害者が使っていたノートの切れ端に「犯人はＸ」というメモがある場合でそれをＸの犯人性の根拠にするなど、その内容を供述証拠として使うのであれば伝聞証拠となります。

　そこで冒頭の裁判所の訴訟指揮ですが、裁判所が書面を「証拠物として採用」するということの意味は、「非供述証拠として採用する」ということを含意していることが多いです（そうでなければ、証拠書類であろうが証拠物たる書面であろうが、伝聞法則により採用できません）。ここで採用される証拠は証拠物たる書面が多いですが、当然、書面に何が書いてあるかも問題となりますので、書面の存在に加え、その内容も考慮して、非供述証拠としてどれだけの推論ができるかを検討する必要があります。

（9）画像解析結果報告書

甲９号証：画像解析結果報告書

立証趣旨：事件前日及び当日の被告人の行動等

作 成 日：令和５年６月15日

作 成 者：司法警察員　瀬川正雄

内 　 容：司法警察員瀬川正雄の署名押印のある報告書。内容は以下のとおり。

24　大コンメンタール刑訴法（6）〈第３版〉432頁。

画像解析結果報告書

令和5年6月15日

警視庁西警察署長
司法警察員警視　中田潤平　殿

警視庁西警察署

司法警察員　瀬川　正雄　㊞

　被疑者甲山太郎に対する傷害被疑事件につき、被疑者方前に設置された防犯カメラ画像データを解析した結果は、下記のとおりであるから報告する。

記

1　解析日時
　　令和5年6月15日
2　解析場所
　　警視庁西警察署
3　解析実施者
　　本職
4　解析対象物件
　　令和5年6月15日、当署司法警察員巡査部長植野仁が、被疑者方の向かいである百田成徳方設置の防犯カメラから本件事件に関する画像データを抽出したDVD-R1枚。
5　解析結果
　　本職が前記解析対象物件を解析した結果、事件前日に被疑者が被害者に暴行する状況（画像1〜6）、事件当日昼、被告人が酒瓶やビール缶の入ったビニール袋を下げて、ドアから自宅に入る状況（画像7〜12）、同日、被疑者方の前に救急車が到着する状況（画像13〜16）が確認できた。
6　措置
　　本件解析結果を明らかにするため、本職が抽出した画像データの静止画をエクセルファイルに貼付して説明文を記した資料を本報告書末尾に添付した。

〔画像　省略〕

Ｉ　検察官請求証拠編

※いずれも防犯カメラにより撮影された映像を、コマ送りにして静止画にし
たもの（いわゆるキャプチャー画像）。静止画ごとに、被告人と花子を示
す色付きの矢印と、一行程度の説明文、同映像が撮影された日時が記載さ
れている。以下のような写真がある。

画像６
　撮影日時は事件前日の16時35分。甲山方前の路上、玄関付近で被告人が
花子の右肩に手を伸ばしている様子が映っており「被告人が花子の肩付
近を殴る様子」との説明文が付されている。

画像12
　撮影日時は事件当日の11時10分。甲山方前の路上、被告人が、画面奥か
ら手前に進行し、ドアを開けて家の中に入る様子が映っている。

画像16
　撮影日時は事件当日の18時31分。甲山方の路上に救急車が停車している
様子が映っており「救急隊が臨場した様子」との説明文が付されている。

【解　説】
　甲９号証は写真画像が添付された報告書です。証拠能力について検討する
前に、各写真に付された説明文の性質を確認しておきたいと思います。
　画像ごとに、撮影日時が記載され、矢印によって人物が特定されています。
さらに、文章で、何を撮影した画像なのか（映っている人物等が何をしてい
るところを撮影した画像なのか）が述べられています。これらの説明文は、
報告書を作成した警察官による、防犯カメラ映像の解析作業の経過を明らか
にして、各画像の意味を理解できるようにするためのものです。報告書の作
成者である警察官による供述を記載したものですから、その記載内容に沿う
事実を推論する目的で用いられる場合には、伝聞証拠となります。
　甲９号証を不同意にした場合、検察官の対応にはいくつかのパターンがあ
ります。甲８号証についての説明と同旨ですが、１つは、甲９号証に添付さ
れている写真、あるいは甲９号証を作成するために瀬川警察官が視聴した防

犯カメラ映像そのもの（映像を記録した電磁的記録媒体そのもの）を証拠物として取調請求するとともに、同映像の関連性を警察官の証人尋問によって立証するパターンです。防犯カメラ映像のような客観的証拠については、当該証拠そのものを取り調べることが簡便ですから、証拠物として請求がされるパターンが基本だといえます。

　もう１つは、甲９号証自体が、伝聞例外書面として取調請求されるパターンです。ここでは検察官が、後者のパターンで、法321条３項に基づいて甲９号証を採用させるために、瀬川警察官の証人尋問を請求した場合に、どのような観点で尋問すべきか、という点について説明します。

　「その真正に作成されたものであること」は、書面の作成名義の真正（作成名義人が真に作成したものであること）だけでなく、書面の記載内容が検証等の結果と合致するという、記載内容の真正や検証等の内容の正確性も含むとするのが一般的な理解です。ですから、甲９号証に関して検察官は、単に瀬川警察官が映像を見て甲９号証を作成したというだけでなく、その映像の内容を正しく記載したか、という点を証言させなければなりません。そして弁護人は、映像の内容が正しく説明文に表現されていない、あるいは、映像の切り取り方が恣意的であって、重要な場面が抜け落ちている、といった観点から反対尋問をすることが考えられます。

　例えば、甲９号証のうち「事件前日の16時35分に撮影された映像を静止画にした画像」（画像６）について、甲山方前の路上、玄関付近で被告人が花子の右肩に手を伸ばしている様子が映っているとします。「被告人が花子の肩付近を殴る様子」との説明文が付されていますが、弁護人が元の映像の開示を受けたところ、単に花子の肩を後ろから払っているようにも見える映像であったとします。この場合、弁護人としては、そもそも元の映像を弁護人から証拠として取調請求するという方法もありますが、例えばより決定的に不利な場面が映っているだとか、何らかの理由で動画の採用を求めない方が被告人に有利である、といった場合もないわけではありません。そのような場合に、真正作成供述に対する反対尋問によって、このような問題意識を裁判官に伝える方法もあります。

I　検察官請求証拠編

（弁護人）証人がご覧になった映像のうち事件前日の16時35分17秒の時点、甲9号証の画像6の場面に関してうかがいます（画像6を証人に対してのみ示す）。証人が映像を見る限り、被告人が花子の肩付近に手を伸ばしている様子だったのですね。

（証　人）手を伸ばしているだけではなく、肩付近の背中を殴っている様子を確認しました。

（弁護人）この映像は花子の体の前面から撮影していますね。

（証　人）はい。

（弁護人）花子の肩付近に当たる被告人の手が、拳なのか手のひらなのか見えましたか。

（証　人）この映像では確認できませんでした。

（弁護人）花子の肩付近に被告人の手が当たった直後、花子の体はよろけていましたか。

（証　人）そういう様子はありません。

（弁護人）花子は振り返って被告人の顔を見ただけだったのではないですか。

（証　人）そうだったかもしれません。

（弁護人）そのあと花子が被告人から距離をとっている様子はありましたか。

（証　人）……よく覚えていません。

（弁護人）なかったんじゃないですか。

（証　人）そうかもしれません。

（弁護人）被告人が手を伸ばす直前、花子の近くの木から、落ち葉がいくつか落ちているのが確認できましたね。

（証　人）……そう言われるとそうかもしれません。

（弁護人）被告人は花子の肩についた落ち葉を払っただけなのではないですか。

（証　人）……よくわかりません。

仮にこのような反対尋問が行われたとして、甲9号証（の一部）が証拠として採用されない、といえるでしょうか。法321条3項に基づき取調請求された書面については、真正作成供述とそれに対する反対尋問の結果、裁判所が検証調書に相応しい信頼性があると判断するに至らなければ、同項の要件を充足したとはみなされず、却下されます[25]。他方で、真正作成供述について「右証言が反対尋問に耐え得るものであったかどうかは、裁判所の自由な心証に委ねられている判断事項であり、検証調書の記載内容の信用性の問題にほかならないものであるから、検証調書の証拠能力の問題としては、検証をして検証調書を作成した者が、以上の点について証言を行い、被告人側に反対尋問の機会を与えれば、同調書の証拠能力を認めて差し支えない」とする見解もあります[26]。いずれにせよ、同項の要件を充足しないとまで判断される事例はまれですので、証拠としては採用され、その記載内容の信用性を評価するに当たり、弁護人による反対尋問の内容が考慮されるのが一般的です。もちろん、そうだとしても弁護人が上記のような問題意識の下、反対尋問を行う意義があることには全く変わりはありません。

（10）写真撮影報告書

甲10号証：写真撮影報告書

立証趣旨：被害者の負傷状況等

作 成 日：令和5年6月9日

作 成 者：司法警察員　戸田史子

内　　　容：司法警察員戸田史子の署名押印のある写真撮影報告書。内容は以下のとおり。

25　前掲注2・後藤94頁。

26　大コンメンタール刑訴法（7）〈第2版〉621頁。

Ⅰ　検察官請求証拠編

写真撮影報告書

令和5年6月9日

警視庁西警察署長
司法警察員警視　中田潤平　殿

警視庁西警察署
司法警察員　戸田　史子　㊞

　被疑者甲山太郎に対する傷害被疑事件につき、被害者の負傷部位を撮影した結果は、下記のとおりであるから報告する。

記

1　撮影年月日
　　令和5年6月9日
2　撮影場所
　　医療法人社団誠和会茅場中央病院
3　撮影者
　　本職
4　被撮影者
　　被害者　甲山花子
5　撮影目的
　　負傷部位を明らかにするため
6　撮影経過
　　上記日時場所において、被害者が申告した負傷部位である顔面、後頭部、右足を撮影した。
7　措置
　　撮影した写真10枚を本報告書末尾に添付することとした。

※添付写真10枚の中には、以下の写真が含まれる。（写真は省略）
　写真1　花子の左頬を撮影した写真（特に変色はない）
　写真2　花子の後頭部を撮影した写真（特に変色はない）
　写真3　花子の右足の脛の部分を撮影した写真（赤紫色の変色が認められる）
　写真4　花子の右目付近を撮影した写真（黄色がかった変色が認められ、
　　　　　変色付近には黒色に近い紫色のかさぶたがある）

【解　説】

　甲10号証を不同意にした場合にも、甲8号証及び甲9号証と同様に、検察官の対応にはいくつかのパターンがあります。ここでは、伝聞法則とは異なる話題になりますが、甲10号証に添付された写真を、検察官が証拠物として請求してきた場合に、両当事者がどのような訴訟活動を行うかについて解説します。

　検察官が、甲10号証に対する不同意との意見を受けて、上記の写真4点を新たに甲11号証として取調請求したとします。併せて検察官は、戸田史子警察官の証人尋問を請求します。立証趣旨は「甲11号証を撮影した経緯等」などが考えられます。検察官は、同人の主尋問で、甲11号証の関連性を立証します。すなわち、①戸田が事件の翌日である令和5年6月9日に甲山花子の身体を撮影したこと、②その写真撮影は戸田自身が行ったこと、③甲11号証は①の際に戸田が撮影した写真に相違ないこと、を証言させます。③を証言させるに際しては、規則199条の10に基づき、甲11号証の写真を戸田に対してのみ示し（書画カメラに映すなど、裁判所に対して見せることは、この段階ではしない）、尋問することになります。以下のような尋問が考えられます。

《戸田史子の尋問例》

（検察官）あなたは令和5年6月9日、どのような捜査を行いましたか。

（証　人）被害者である甲山花子さんから病室で事情を聴取するとともに、病室で花子さんの身体の傷などの状況を撮影しました。

（検察官）何を使って撮影しましたか。

（証　人）私のスマートフォンのカメラ機能を用いました。

（検察官）撮影した部位はどこですか。

（証　人）顔の左右と後頭部、左右の腕、左右の足です。

（検察官）どうしてその部位を撮影したのですか。

（証　人）一見して怪我があるところと、花子さんが怪我をしたと言っている箇所を撮影しました。

Ⅰ　検察官請求証拠編

（検察官）顔についてはどんな怪我でしたか。

（証　人）右目の部分に変色がありました。

（検察官）足はどうでしたか。

（証　人）右足の脛の部分にもあざがあったと記憶しています。

（検察官）写真はそのあとどうしましたか。

（証　人）スマートフォンの画面上で確認したうえ、私が自分で端末につ
　　　　　ないで印刷し、報告書を作成して添付しました。

（検察官）甲11号証の写真1ないし4を示します（書画カメラには写さず、
　　　　　証人に対してのみ見せている）。これは何ですか。

（証　人）先ほど私が述べた、私が甲山花子さんの体を撮影した写真です。

（検察官）なぜそう言えますか。

（証　人）映っているものや画角について、私の記憶と相違ありませんし、
　　　　　後ろに映っている背景も、私が行った病院の病室と一致してい
　　　　　ます。

このような尋問の後で、検察官が裁判所に対して、採用を求めます。

（検察官）裁判長、ただいまの証言により、甲11号証の関連性は立証され
　　　　　たと思料されますので、甲11号証の採用を求めます。

（裁判長）弁護人、ご意見は。

（弁護人）異議はありません。

このようにして甲11号証が採用された段階で、はじめて検察官は甲11号証
を書画カメラ等によって展示し、裁判所はそれを取り調べます。

それでは、弁護人が、甲11号証の写真の証拠能力に疑義を抱いた場合は、
どのようにすればよいでしょうか。例えば、写真4の花子の右目付近の写真
については、確かに何らかの怪我あり、事件時の怪我のようにも思えますが、
内出血の色が黄色であったり、かさぶたがあるなど、撮影の前日である事件
時ではなく、もっと前にできた怪我である可能性があります。そうだとする

96

と、弁護人としては戸田警察官の証人尋問の際に、かかる問題意識の下で反対尋問を行い、検察官による関連性の立証を妨げることが考えられます。

（検察官）裁判長、ただいまの証言により、甲11号証の関連性は立証されたと思料されますので、甲11号証の採用を求めます。

（裁判長）弁護人、ご意見は。

（弁護人）採用決定の前に、弁護人に反対尋問をさせてください。

（裁判長）どうぞ。

（弁護人）弁護人山本からうかがいます。甲11号証の写真4を示します。これは花子さんの右目付近の写真ですか。

（証　人）そうです。

（弁護人）この写真の変色が怪我だとおっしゃっていますか。

（証　人）はい。

（弁護人）この変色は赤色や赤紫色ではなく黄色になっていますね。

（証　人）はい。

（弁護人）証人のわかる範囲で教えていただきたいのですが、ぶつけたりした後しばらく経った状態の傷の色なのではないですか。

（証　人）そうかもしれません。

（弁護人）この黄色の変色付近には、かさぶたがありますね。

（証　人）そうですね。

（弁護人）もう固まっているように見えますが、証人から見ていかがですか。

（証　人）そう言われればそうかもしれません。

反対尋問をしたうえで、弁護人は改めて意見を求められます。

（裁判長）弁護人、甲11号証の関連性に関する意見はいかがですか。

（弁護人）先程の尋問で明らかになったように、甲11号証のうち写真4については、撮影日の前日である事件時より相当前に生じた怪我を撮影したものである可能性が高いといえます。本件との関連

I　検察官請求証拠編

性はなく、採用について異議があります。

　ただし、そもそも怪我の状態や、受傷時から経過した時間については、医学の専門家である医師等に質問すべきであって、そもそも戸田警察官に質問すべきでないとの批判は当然あり得ます。また、上記の尋問によっても、結局その怪我が花子の身体に存在したこと自体は明らかであり、関連性がないというまでの根拠は乏しいように思われます。他方でこの写真が採用されたとしても、反対尋問の結果や、写真自体からうかがわれる怪我の状態は、この写真の推認力を評価するうえで当然考慮されます。

（11）診断書

甲11号証：診断書

立証趣旨：被害者の傷害結果等

作　成　日：令和５年６月12日

作　成　者：医療法人社団誠和会茅場中央病院　多田道夫医師

内　　　容：多田道夫医師の捺印のある診断書である。内容は以下のとおり。

2. 甲号証 （11）診断書

```
                       診 断 書
                                   令和５年６月１２日

  住所 （省略）
  氏名 甲山 花子 様
  生年月日 （省略）


  病名：脳震盪症、右足腓骨骨折、左足中足骨骨折、顔面打撲傷
  父親から殴られ、２階から１階まで階段を転落し受傷。令和５年６月８日に
  当院に救急搬送。脳震盪については全治２日間、右足腓骨骨折、左足中足骨
  骨折については加療６週間、顔面打撲傷については全治１週間を要する見込
  み。


  上記のとおり診断いたします。
     令和５年６月12日

                              医療法人社団誠和会茅場中央病院
                                 医師 多田道夫 ㊞
```

【解　説】

　甲11号証を不同意にした場合、検察官は甲11号証の作成者である医師多田道夫の証人尋問を請求します。

　医師の作成する診断書は、鑑定人が作成した鑑定書と同様に、専門的な知識経験により事物の法則を認識し、これに関連する意見を形成するものであること等から、法321条４項の準用が認められています[27]。したがって作成者たる医師が「公判期日において証人として尋問を受け、その真正に作成されたものであることを供述したとき」には、同項に基づいて採用されることになります。「真正に作成されたものであること」の意義は、法321条３項の検証調書と同様であり、書面の作成名義の真正（作成名義人が真に作成した

27　最判昭和32年７月25日刑集11巻７号2025頁〔24003000〕。

I　検察官請求証拠編

ものであること）だけでなく、書面の記載内容が鑑定等の結果と合致するという、記載内容の真正や鑑定等の内容の正確性も含むとするのが一般的な理解です。

　ただ実務上は、作成者たる医師が、作成名義の真正や記載内容の真正を証言するというよりも、診断結果と診断根拠を端的に証言することが一般的です。そして、そのような証言が得られた場合には、あえて検察官が法321条4項に基づいて診断書の採用を求めず、取調請求を撤回することも少なくありません。弁護人としては、診断内容に疑義がある場合は、医師に対する反対尋問でそれを追及し、診断結果に関する公判証言自体を弾劾する意識を持つことが重要です。

　本件について具体的にみると、甲11号証を不同意にした場合、多田道夫医師の証人尋問請求がなされ、採用されます。多田医師は、主尋問で、診断書に記載された内容についてそのまま証言する可能性が高いといえます。

　ここで気をつけなければならないのが、診断書の記載のうちの「父親から殴られ、2階から1階まで階段を転落し受傷」という部分です。これは多田医師が直接知覚・記憶した体験に関する供述ではなく、花子あるいは他の人物から伝え聞いた、事実の存否に関する情報であることは明らかで、かつ、記載された内容が真実であることを推論する目的でしか利用が考えられない部分ですから、（再）伝聞証拠です。そして、多田医師が公判廷で、この事実に関して供述した場合も、伝聞証言となります。弁護人は適切に異議を述べる必要があります。

《多田道夫の尋問例》

（検察官）あなたは甲山花子さんを診察した医師ですね。

（証　人）はい。

（検察官）診察した日はいつですか。

（証　人）令和5年6月8日です。

（検察官）どのような診察を行いましたか。

（証　人）身体の外表検査を行ったほか、レントゲン、CTといった各種検

査を行いました。

（検察官）怪我の原因となった行為は何でしたか。

（証　人）父親から確か殴られ……

（弁護人）異議があります。検察官は伝聞証言を求めています。

（裁判長）検察官、ご意見は。

（検察官）診断を下すに当たって前提とした情報が何か、確認する趣旨です。

（裁判長）異議を認めます。検察官は質問を変えてください。

（弁護人）裁判長、先程の証人の「父親から確か殴られ」た、という証言
　　　　　は伝聞供述ですから、証拠から排除してください。

（裁判長）わかりました。弁護人がいま指摘した証言については証拠から
　　　　　排除する決定をします。

（12）意見書

甲12号証：意見書

立証趣旨：被害者の受傷機転等

作 成 日：令和5年7月14日

作 成 者：法医学者　松本浩太郎

内　　容：法医学者である松本浩太郎が作成し捺印した、甲山花子のカルテ
　　　　　や検査結果、写真等から、受傷機転についての意見を述べた書面。
　　　　　意見の骨子は以下のとおり。

・顔面打撲傷が認められるところ、これは階段のような平らな場所ではでき
　にくい。手の平のような柔らかいものでの殴打が、原因としてもっとも考
　えられる。

・脳震盪は、階段での転倒や、足を負傷した際の負傷では生じにくい。

Ⅰ　検察官請求証拠編

【解　説】

　甲12号証を不同意にした場合、検察官は甲12号証の作成者である松本浩太郎の証人尋問を請求します。この意見書は法321条4項の「鑑定の経過及び結果を記載した書面」に当たることは明らかですから、松本が「公判期日において証人として尋問を受け、その真正に作成されたものであることを供述したとき」には、同項に基づいて採用されることになります。そして、甲10号証の解説でも述べましたが、松本浩太郎が証人として出廷した場合には、単に作成の真正を証言するだけでなく、意見書に記載された自身の意見の内容についても詳細に証言することが一般的です。

　甲11号証の解説で述べましたが、診断書が不同意となって作成者たる医師が出廷し、診断結果と診断根拠を証言した場合には、通常の診断書の取調請求は撤回されます。甲12号証のような意見書についても、作成者が出廷し、意見書に記載されたとおりの、自身の意見を証言したのであれば、証言とは別に意見書を採用する必要まではなく、意見書の取調請求も撤回されるか、あるいは取調請求が却下されるのが原則であると考えられます。

　ただ、診断書と異なり、鑑定書や意見書については、内容が高度に専門的であったり、分量が多く、その内容のすべてを証人尋問で証言することや、裁判官がそれを理解することが困難である場合があります。このような場合は、作成者たる鑑定人が、鑑定書の内容を詳細に証言した後に、同証言に加えて、鑑定書が法321条4項に基づき採用されることもあります。

3. 乙号証

（1）司法警察員面前調書

乙１号証：甲山太郎の司法警察員面前調書

立証趣旨：被告人の身上・経歴等

作 成 日：令和５年６月30日

作 成 者：司法警察員　佐藤翔平

供 述 者：被告人　甲山太郎

内 　 容：甲山太郎の身上・経歴等に関する供述が録取されている。

供 述 調 書

本籍　福岡県北九州市Ａ区Ｂ一丁目４番１号

住居　東京都中野区Ｃ町一丁目２番３号

職業　無職

氏名　甲山　太郎（こうやま　たろう）

昭和59年１月20日（39歳）

　　上記の者に対する　　傷害　　被疑事件につき、令和５年６月30日　東京都西警察署において、本職は、あらかじめ被疑者に対し、自己の意思に反して供述をする必要がない旨を告げて取り調べたところ、任意次のとおり供述した。

１　私の身上関係についてお話しします。

　　私の出生地は福岡県北九州市Ａ区です。

２　私は公務員ではありませんし、位記、勲章、年金をもらったことはありません。

３　私の学歴をお話しします。

　　私は、福岡県北九州市の

　　　北九州総合高等学校

　　を卒業後、東京都武蔵野市にある

　　　東京武蔵野大学文学部

に進学しましたが、単位が足りず3年生の終わりに退学しました。

その後はアルバイトを転々とするなどして生活していましたが、私が25歳のときに東京都港区にある

永輪商事株式会社

という貿易関係の商社に勤務することになりました。

その後、2020年（令和2年）11月6日に妻のちあきと結婚しましたが、2022年（令和4年）3月31日をもって永輪商事株式会社が倒産してしまい、その後は無職の状態が続いています。

4　私の家族関係をお話しします。

家には、

妻　ちあき　　　　　　36歳

　　会社員

　　花子　　　　　　　12歳

　　B小学校6年生

がいます。

花子は、ちあきとその前夫との間の子であり、私との間に実の親子関係はありませんが、養子縁組をしています。

花子は、私のことをよく思っていないようで、私になつこうとはしません。

そんな花子の態度を見て、私も花子を可愛がることはありませんし、花子が私に生意気な口をきいたときにはカっとなって怒鳴りつけることもありました。

また、私が職を失って落ち込んでいたときに、詳しくは忘れましたが、花子が私の気に障ることを言ったので、花子の顔面を平手で叩いたことがあり、そのことが学校を通じて児童相談所に発覚し厳しく注意を受けたことが一度あります。

なお、北九州市A区には実家があり、

父　芳雄（よしお）　　72歳

母　茂子（しげこ）　　70歳

妹　光子（みつこ）　　35歳

が暮らしています。

5　私の犯罪経歴についてお話しします。

私には、傷害の前歴・前科があります。

正確には記憶していないのですが、私が大学3年生のときに、酒に酔っ

3. 乙号証 （1）司法警察員面前調書

て通行人とトラブルになり、人を殴って警察署で取調べを受けました。

　この事件については何も処分がありませんでした。

　次に、私が永輪商事株式会社に勤務しているときのことですが、友人と居酒屋で酒を飲んでいたところ、隣のテーブルで酒を飲んでいた複数名の客とトラブルになり、人を殴って怪我をさせたことがあります。

　この事件では罰金刑を受けた記憶があります。

　次に、私がちあきと交際しているときに、自宅で酒を飲んでいたところ、ちあきと口論になり、カッとなって暴力を振るってしまったことがあります。

　この事件では刑事裁判になり、執行猶予付きの判決を受けました。

　この時本職が、供述人に対し、令和5年6月16日付け、当署司法巡査佐々木啓介が作成した犯罪経歴照会結果報告書を提示したところ、下記のとおり供述を続けた。

　今、刑事さんから、私の名前や生年月日などが載っている書類を見せてもらっています。

　この書類の2枚目には、日付や罪名等が記載されています。

　今から古い事件から順番に、覚えているものについて説明します。

　最初の

　　2007年（平成19年）8月26日　八幡南　暴行

　が先ほど説明した人を殴って警察署で取調べを受けた事件です。

　次の

　　2011年（平成23年）10月12日　渋谷　傷害

　が罰金刑を受けた事件のことだと思います。

　次の

　　2019年（平成31年）2月4日　武蔵野　傷害

　は、ちあきに暴力を振るって執行猶予付きの判決を受けた事件のことだと思います。

6　次に、私の資産について説明します。

　永輪商事株式会社が倒産した2022年（令和4年）3月31日からは無職ですので、毎月の安定した収入はありません。

　永輪商事株式会社が倒産してから数か月の間は失業保険を受けていましたが、いまは時間のある日に日雇いのアルバイトをして小遣いを稼ぐ程度です。

　私の預貯金は20万円程度です。

105

I　検察官請求証拠編

　　他方で、妻のちあきには毎月の安定した収入があるため、一家が普通に
　生活するには問題はありません。
　　ちあきの1月当たりの収入は手取りで35万円程度です。
　　その他、私の資産といえるものは自動車1台くらいです。
7　次に、私の趣味や嗜好についてお話しします。
　　趣味は特にありません。
　　タバコはメビウスの1ミリを1日1箱くらい吸います。
　　お酒は好きでよく飲みます。
　　ギャンブルはあまりしません。
8　私は、
　　身長171センチメートルくらい
　　体重71キログラムくらい
　　血液型はO型、
　　利き腕は左
　です。
　　刺青は、
　　胸から上腕にかけて左右とも龍と牡丹
　が入っています。
　　暴力団の知り合いは何名かいますが、特に親しいというわけではありま
　せんし、先方に迷惑がかかると嫌なので、名前を明らかにはしたくありま
　せん。
9　今、通院等はしていませんし、持病等はありません。
　　　　　　　　　　　　　　　　　　　　甲　山　太　郎　　指印
　　以上のとおり録取して読み聞かせたうえ、閲覧させたところ、誤りがない
　ことを申し立て、各葉欄外に指印し、末尾に署名指印した。
　　　　　　　　　　　　　　　前同日
　　　　　　　　　　　　　　　　　警視庁西警察署
　　　　　　　　　　　　　　　　　司法警察員　　佐藤　翔平

【解　説】

　乙1号証を不同意とした場合、裁判所は、採否を留保したうえで、被告人
質問を先行して実施することが多いものと思われます[28]。「採否を留保する」

106

3. 乙号証 （1）司法警察員面前調書

というのは、要するに、その時点では採用決定も却下決定もしないということです。被告人質問での供述内容を踏まえて、被告人質問での供述とは別に、法322条に基づいて、乙号証を採用する必要があるかを改めて検討しよう、という趣旨です。検察官は、乙1号証を直ちに撤回することはせず、被告人質問が終了した段階で撤回するか、法322条に基づいて取調請求をするかを検討することになります。

例えば、次のような法廷でのやりとりが考えられます。

（裁判長）それでは、弁護人から同意のあった書証については、すべて採用して取り調べます。検察官、証拠の要旨を告げてください[29]。

（検察官）……乙8号証、被告人の戸籍謄本です。以上です。

（裁判長）それでは、提出してください[30]。検察官、弁護人から不同意の証拠意見が表明された乙号証について、いかがされますか。

（検察官）現時点ではいずれも請求を維持します[31]。

（裁判長）弁護人、進行について、何かご意見はありますか。

（弁護人）被告人質問を先行させたうえで、乙号証の採否を判断してください[32]。

（裁判長）検察官、この点について、何かご意見ありますか。

（検察官）特に、意見ありません。

（裁判長）乙号証については、被告人質問を先行したうえで、採否を判断します。

---

28 法301条は「第322条及び第324条第1項の規定により証拠とすることができる被告人の供述が自白である場合には、犯罪事実に関する他の証拠が取り調べられた後でなければ、その取調を請求することはできない。」と定めているが、実務上は「犯罪事実に関する他の証拠」（甲号証）と自白調書その他の被告人の供述調書等（乙号証）は同時に取調請求されている（最決昭和26年5月31日刑集5巻6号1211頁〔24001308〕参照）。

29 法305条、規則203条の2。

30 法310条参照。

31 多くはないが、被告人質問の前に法322条1項に基づく取調べに固執する検察官もおり、これを採用してしまう裁判官もいるので、注意が必要である。

32 被告人質問先行の希望がある場合には、事前準備の段階で検察官や裁判所書記官にその旨を伝えておくと、公判当日の進行が円滑に進む。

107

I　検察官請求証拠編

　そして、乙1号証を不同意とした場合には、公判で黙秘権を行使するという防御方針でない限り、甲山太郎の身上・経歴に関しても、被告人質問で供述することになります。ここで大切なことは、被告人質問では乙1号証の記載をなぞるような質問をする必要性は全くないということです。例えば、乙1号証には、「私は公務員ではありませんし、位記、勲章、年金をもらったことはありません」との記載がありますが、こうした点に関する供述を被告人質問で獲得しなければならない事案はほぼありません。身上・経歴に関する被告人質問をするとしても、弁護側のケースセオリーに必要かつ十分な範囲で供述すればよいのであって、乙1号証の記載内容や記載の順番に縛られる必要性は全くありません。また、逆に、乙1号証に記載がなかったとしても、ケースセオリーに必要な、身上や経歴等に関する事実があった場合は、それも当然、被告人質問により立証すべきです。

　例えば、身上・経歴については、次のような被告人質問が考えられます。

（裁判長）それでは、被告人質問を行います。弁護人、どうぞ。
（弁護人）まずは、甲山さんのことについて質問します。年齢はいくつですか。
（被告人）39歳です。
（弁護人）甲山さんの職歴について、簡単に教えてください。
（被告人）大学を退学した後の25歳のときに永輪商事株式会社という貿易関係の商社に勤務しましたが、令和4年3月に倒産してしまい、現在は無職です。
（弁護人）甲山さんの家族構成を教えてください。
（被告人）妻のちあきと、ちあきの連れ子である花子の3人家族です。
（弁護人）ちあきさんとはいつ頃結婚しましたか。
（被告人）令和2年の11月頃に結婚しました。
（弁護人）結婚してから、ちあきさんとはどういった夫婦関係でしたか。
（被告人）仲のよい夫婦だったと思います。これまで2人で協力して花子を育ててきましたし、ちあきの仕事が休みの日にはよく家族で

108

外食したり、旅行に行ったりしていました。

（弁護人）花子さんとはどういった関係でしたか。

（被告人）当初、花子は、私にちあきをとられると思っているようで、あまりなつきませんでした。ただ、私は、ちあきを実の娘のように思い、彼女と接するように心がけてきましたので、次第に関係はよくなっていきました。私が仕事をやめてからは日常的な世話はすべて私がしていました。

（弁護人）花子さんとの間で、トラブルになったことはありましたか。あれば教えてください。

（被告人）私が仕事を失った頃に、些細なことで口論になり、花子が「大人のくせに仕事にもいかずに情けない。あんたなんか父親じゃない。あんたなんかと暮らしたくない」などと言ったため、カッとなって花子の顔を1発平手で叩いたことがあります。

（弁護人）それで。

（被告人）幸い怪我はありませんでした。私がすぐに謝ったこともあり、花子も許してくれました。

（弁護人）2人の関係性はどうなりましたか。

（被告人）その後も特に変わることはなく、私は普通に接していましたし、花子も普通に接してくれていました。

（弁護人）それでは、令和5年6月8日のことを質問します……

　なお、花子に対する過去の暴力行為については、主質問で聞くべきか、反対尋問後の再主質問で聞くべきか悩ましいところがあります。被告人にとって不利な事実ですから、原則としては被告人の供述によって立証するメリットがないからです。しかしながら、本件においては、花子やちあきの証人尋問で既に証言されている可能性が高く、また、検察官の反対質問で暴行の有無について聞かれる可能性も高いものと考えられますので、あらかじめ主質問で聞いたうえで暴力行為のきっかけやその後の花子との関係性を聞いた方がよいという判断は十分にあり得ます。ただし、弁護側のケースセオリーを

Ⅰ　検察官請求証拠編

弱める事実関係について、検察官が反対質問で聞かないこともありますので、常に主質問で聞くべきだとはいえないということは十分に注意してください。

　乙1号証のような被告人自身の身上・経歴を語った被告人の供述調書については、犯罪事実それ自体の立証に必要となることはほとんどなく、法322条1項の「不利益な事実の承認」に該当しないことが多いです。そのため、実務上、検察官が法322条1項に基づく取調べを請求することはほぼないといってよく、撤回されることが通常です。

　例えば、被告人質問後には、以下のような法廷でのやりとりが考えられます。

（裁判長）〔被告人質問が〕終わりました。被告人は席に戻って着席してください。それでは、採否未了の書証の整理をいたします。検察官、乙1号証については、いかがされますか。

（検察官）撤回いたします。

　なお、一般的には、乙1号証の供述内容は、身上・経歴に関する簡潔な記載にとどめられていることが多いと考えられます。ただし、事案によっては、かなり詳細な供述が記載されていることもあります。例えば、性犯罪事案では、被告人の性的嗜好等についてかなりの文量を割き、偏見をいたずらに助長するような、明らかに関連性のない供述調書がしばしば見受けられます。また、捜査機関が被告人と反社会的勢力との関係性を疑っているような事案では、そうした反社会的勢力との関係性や被告人の刺青の有無・内容等にかなりの文量を割いた、関連性のない供述調書の取調べが請求されることがあります。こうした供述は被告人に不当な人格的評価を与えることになりかねませんし、公開の法廷でプライバシーにわたる事項を暴露されることによる被告人の不利益も考えなければなりません。こうした供述が記載された供述録取書については、必要性・関連性の観点から慎重な検討が必要であり、不同意の証拠意見を表明することを躊躇ってはなりません。本件における乙1

号証では、甲山太郎と反社会的勢力との関係性や刺青の有無・内容に関する供述が記載されています。こうした供述内容から、事実認定者が甲山太郎に対する不当な人格的評価を加える可能性も否定できませんから、これらの供述には不同意の証拠意見を表明すべきです。そのうえで、検察官が被告人質問でこうした事情に関する反対質問をした場合には、異議を出さなければなりません。

例えば、以下のような法廷でのやりとりが考えられます。

（検察官）あなたのことを質問しますね。あなたの背中や……
（弁護人）異議があります[33]。関連性がありません。
（裁判長）検察官、ご意見は。
（検察官）質問を撤回して次の質問をします。

> **コラム** 被告人質問先行型審理[34]
>
> 　裁判員裁判では、被告人の供述録取書の取調べを留保し、被告人質問を先行させる審理方式が定着しています。裁判員が参加する裁判員裁判では、わかりやすさの観点から、供述調書の朗読を聞くのではなく、法廷で証拠や供述を直接見聞きし、的確な心証を得ようという意識が法曹三者で共有されているといえます。こうした運用は、裁判員裁判非対象事件の裁判官裁判にも影響を及ぼしています。仮に弁護人が乙号証に同意の意見を表明しても、積極的にその採否を留保し、被告人質問を先行させたうえで、十分な供述が得られれば、検察官に乙号証の撤回を促すという裁判官も増えてきました。こうした被告人質

---

33 検察官の質問を遮るような異議の申立ては、本来はするべきではない。ただし、事実認定者に質問を聞かせることで予断や偏見を招くおそれの高い事項については、こうした異議の申立てが許される場合もあるといえる。

34 「特集　被告人質問先行型審理を蘇らせる」季刊刑事弁護118号（2024年）9頁以下も参照。

I　検察官請求証拠編

問先行の審理方式は、被告人の利益に働く場面が多いように考えられますから、弁護人の立場からは積極的に乙号証に不同意の証拠意見を表明して、被告人質問先行の審理方式を実現していくことが大切であると考えられます。そして、充実した被告人質問をするためには、何よりも弁護側のケースセオリーを確立しておくことが重要です。弁護側のケースセオリーに必要な事実は何かという点を意識して準備するように心がけましょう。また、法廷技術を身につけることも大切です。「見て、聞いて、分かる」被告人質問をするためには、基礎的な主尋問の技術を駆使する必要があります。日本弁護士連合会や各地の弁護士会で実施されている「法廷技術研修」を受講するなどして研鑽に努めましょう。

（2）上申書

乙2号証：甲山太郎の上申書
立証趣旨：被告人の弁解内容等
作 成 日：令和5年6月20日
供 述 者：被告人　甲山太郎
内　　　容：甲山太郎の自筆の上申書であり、公訴事実記載の暴行に及んだ旨の記載が存在する。

3. 乙号証 （2）上申書

　　　　　　　　　　上　申　書

　　私は、令和5年6月8日の夕方頃、自宅2階での踊り場の辺りで、花子の
顔を叩き、花子を転倒させて階段から落としてしまいました。
　　私が花子の顔を叩いたのは、日頃から花子が私の言うことを聞かず、生意
気な口ばかり叩くので、カッとなってしまったからでした。
　　とても反省しています。今後、花子に暴力を振るったりすることは絶対に
しませんので、花子が自宅に戻れるようにしてください。

令和5年6月20日

　　　　　　　　　　　　　　　　　甲　山　太　郎

【解　説】

　乙2号証に不同意の証拠意見を表明すると、裁判所から任意性を争うか否
かの釈明を求められます。したがって、弁護人は、乙2号証の証拠意見を表
明する時点でその任意性を争うか否かの方針を決めておかなければなりませ
ん。そして、弁護人が任意性を争う場合、裁判所は、まずは弁護人に任意性
に関する具体的な主張を明示させたうえで、その主張に対応するかたちで検
察官が任意性に関する立証計画を立てるという流れが考えられます[35]。

　例えば、以下のような法廷でのやりとりが考えられます。

（裁判長）弁護人、乙2号証については、任意性は争われますか。
（弁護人）乙2号証については任意性を争います。乙2号証は取調官から
　　　　　脅されて無理矢理書かされたものです。
（裁判長）検察官、弁護人は乙2号証の任意性を争われるようですが、い
　　　　　かがされますか。
（検察官）乙2号証については、任意性を立証のうえ、刑事訴訟法322条1

35　松尾浩也＝岩瀬徹編『実例刑事訴訟法Ⅲ』青林書院（2012年）150頁以下。

113

Ⅰ　検察官請求証拠編

　　　　　項に基づく請求をいたします。検察官としては、まず弁護人に
　　　　　おいて、任意性に関しいかなる主張をするのかを具体的に明ら
　　　　　かにしていただきたいと考えます。
（裁判長）そうですね。裁判所も、まずは弁護人に主張を明示していただ
　　　　　いて、これに対応するかたちで検察官に任意性に関する主張・
　　　　　立証をしてもらうのがよいと考えています。
　　　　　弁護人、こういった進行でいかがでしょうか。
（弁護人）異議ありません[36]。
（裁判長）それでは、本日の審理はここまでとし、次回公判期日は追って
　　　　　指定することにいたします。打合せ期日を双方ご都合のよいタ
　　　　　イミングで入れたいと思います。弁護人、準備にどの程度必要
　　　　　でしょうか……

　その後、裁判所は、打合せ期日において、弁護人の任意性に関する具体的
な主張を確認したうえで、検察官に対しても、任意性に関する主張書面を提
出させるとともに、任意性立証に必要な証拠の取調べを請求させることが多
いものと考えられます。なお、通常の裁判実務では、弁護人が任意性を争う
旨を表明した場合、問題の供述書又は供述録取書の取調べをする前に任意性
の調査を行うことがほとんどであり[37]、また、疎明や自由な証明ではなく厳
格な証明によることが多いものと考えられます。
　また、検察官は、取調べの録音・録画がなされている場合（法301条の2
第1項）には、取調べの録音・録画記録媒体、取調べ状況報告書、その他の
捜査報告書の取調べを請求し、そのうえで問題となる取調べを担当した司法
警察員又は検察官の証人尋問を請求することが多いものと考えられます。
　本件における乙2号証は、逮捕前の任意取調べの際に作成されたものであ

36　設例の弁護人は「異議ありません」との回答をしているが、任意性に疑いがないことの立証責
　任は検察官が負っている。このことから、任意性立証の前に弁護側で主張を明示すべきか否か
　には慎重な検討が必要である。また、任意性を争う場合には、公判前整理手続又は期日間整理
　手続に付する請求をすることも検討しよう。
37　最決昭和54年10月16日刑集33巻6号633頁〔24005642〕参照。

り、かつ、法301条の２第１項各号の事件にも該当しないため、取調べの録音・録画がなされていない可能性が高いといえます。そのため、検察官は、取調べ状況報告書やその他の捜査報告書などの取調べを請求し、被告人の取調べを担当した司法警察員の証人尋問で乙２号証の任意性を立証していくものと考えられます。

　これに対して、弁護人は、検察官に対し、必要な証拠開示を請求したうえで、被告人が自白するに至った経緯に任意性を疑わせる事情がないかどうかを検討しなければなりません。こうした検討に当たっては、被告人から取調べ時の状況を十分に聞き取ることはもちろんですが、取調べに関連する客観的な外部的付随事情を押さえたうえでケースセオリーを構築することが大切です。特に、取調べが夜間に及んでいたり、長時間に及んでいたりしている場合には、任意性を否定する裁判例が少なくありませんので十分に検討しましょう。

　なお、取調べ状況を検討する場合には、犯罪捜査規範、被疑者取調べ適正化のための監督に関する規則、「取調べの一層の高度化・適正化の推進について（通達）」等の警察庁発出の通達等に目を通しておくと、効果的な準備に役立ちますので確認してみてください。

　そして、弁護人・検察官双方の任意性に関する主張・立証が整理されると、裁判所は公判期日を指定して任意性に関する審理に臨むことになります。

　裁判所は、検察官が請求した任意性に関する証拠のうち必要性を認めた範囲で採用して取り調べたうえで、弁護側請求証拠の取調べ及び被告人質問の順で証拠調べを進行することが多いものと考えられます。そして、裁判所は、任意性に関する証拠調べが終了すると、当事者双方に任意性に関する意見を述べる機会を与えたうえで、法322条１項の供述書又は供述録取書として採用するか否かの決定をします。

　仮に、乙号証が同項の供述書又は供述録取書として採用された場合、弁護人は、法309条１項に基づく異議を申し立てます。

　例えば、以下のような法廷でのやりとりが考えられます。

I 検察官請求証拠編

（裁判長）それでは、乙２号証についての採否を示します。任意性を認め
　　　　たうえで、乙２号証を刑事訴訟法322条１項に基づいて採用しま
　　　　す。

（弁護人）裁判長、ただいまの決定には、刑事訴訟法322条１項・同法319
　　　　条１項の解釈適用を誤って任意性を認めた違法及び証拠採否の
　　　　必要性に関する裁量を逸脱した違法がありますので、刑事訴訟
　　　　法309条１項に基づく異議を申し立てます。

（裁判長）検察官、ご意見は。

（検察官）異議には理由がないものと思料いたします。

（裁判長）異議を棄却します。検察官、要旨を告知してください。

　なお、乙号証の採否は、期日間に示されることもあります。期日間に採否
が示された場合には、次回公判期日において法309条１項に基づく異議を申
し立てるか又は期日間において書面で異議を申し立てることもできます。

コラム　裁判員裁判における任意性の立証

　裁判員裁判対象事件では、原則として取調べの録音・録画が実施さ
れているため、任意性の調査をするに当たっては、取調べの録音・録
画記録媒体を取り調べることが必然的に多くなります。取調べの録音・
録画は、供述そのものだけではなく、取調べ中の供述態度等を裁判員
に見聞きさせることになるため、事実認定者を直感的で主観的な判断
に陥らせる危険性が高いといわれていますので（東京高判平成28年
８月10日高裁刑集69巻１号４頁〔28243352〕、東京高判平成30年８
月３日判タ1456号75頁〔28263901〕参照）、裁判員が参加する公判
期日で取り調べるべきか否かが争われることになります。刑事訴訟法
上は、公判期日において任意性を調査する方法のほかに、公判前整理
手続における事実取調べ（法43条３項、規則33条３項）による方法

が考えられます。この点については、公判期日で任意性の調査を実施すべきだという見解と、公判前整理手続における事実取調べによるべきだという見解が対立しています。公判期日で任意性の調査を実施すべきだという見解は、任意性立証のための証拠調べは、当該供述証拠の信用性判断とも密接に関連するので、裁判員も参加する公判期日で審理すべきとします（司法研修所編『裁判員制度の下における大型否認事件の審理の在り方』法曹会（2008年）70頁、植村立郎『骨太　実務現代刑事法（上）』法曹会（2021年）395頁以下参照）。他方で、公判前整理手続における事実取調べとして実施すべきという見解は、先ほど述べた取調べの録音・録画記録媒体の取調べにより被告人の供述態度等に基づく直感的で主観的な判断に陥る危険性があることや証拠能力のない証拠は裁判員に見聞きさせるべきではないとしています（岡慎一「取調べの録音録画記録媒体の証拠利用」季刊刑事弁護91号（2017年）48頁以下）。弁護人は、それぞれの審理方式に一長一短があることを踏まえつつ、いずれの方法が被告人にとって利益になるのかを検討し、戦略を練る必要があります。特に、取調べの録音・録画記録媒体を裁判員に視聴させるべきか否かを被告人の利益を追求する立場から検討し、方針を決定すべきでしょう。仮に、公判前整理手続の事実取調べにより任意性の調査をする場合には、公判前整理手続において、任意性に関する必要な証拠を取り調べたうえで、当事者双方に意見を述べる機会が与えられ、公判前整理手続中に採否の判断がなされます。なお、公判前整理手続において任意性の立証として行われたのと同様の立証活動を公判期日で再度繰り返すことは基本的には想定されていませんので、注意が必要です。

I　検察官請求証拠編

> **コラム　取調べ録音・録画記録媒体の実質証拠としての利用**
>
> 　取調べ録音・録画記録媒体については、①問題となる供述調書の任意性立証のため、②問題となる供述調書の信用性判断のための補助証拠として使用される場合のほかに、③法322条1項の実質証拠として利用される場合があります。取調べ録音・録画記録媒体を実質証拠とすることについては積極説（川出敏裕『刑事手続法の論点』立花書房（2019年）192頁以下）と消極説（東京高判平成28年8月10日高裁刑集69巻1号4頁〔28243352〕、東京高判平成30年8月3日判タ1456号75頁〔28263901〕参照）とが対立していますが、供述態度等から直感的に得られる情報は事実認定者の判断を不当に誤らせる危険性が類型的に高いものと考えられるため、消極説に立つべきです（「特集　取調べ上映会を許すな！─録画媒体実質証拠化の危機」季刊刑事弁護91号（2017年））。弁護人は、検察官が取調べ録音・録画記録媒体を法322条1項に基づいて取調請求した場合には、実質証拠としての使用は許されない旨の意見を述べるべきであり、仮に実質証拠として採用されてしまった場合には法309条1項に基づく異議を申し立てなければなりません。

（3）検察官面前調書

乙3号証：甲山太郎の検察官面前調書

立証趣旨：被告人の弁解内容等

作 成 日：令和5年7月1日

供 述 者：被告人　甲山太郎

内　　　容：甲山太郎の否認供述が録取されている。

3. 乙号証 （3）検察官面前調書

供 述 調 書

本籍　福岡県北九州市Ａ区Ｂ一丁目４番１号
住居　東京都中野区Ｃ町一丁目２番３号
職業　無職

氏名　甲山　太郎（こうやま　たろう）
昭和59年１月20日（39歳）

　上記の者に対する　　　傷害　　被疑事件につき、令和５年７月１日東京地方検察庁において、本職は、あらかじめ被疑者に対し、自己の意思に反して供述をする必要がない旨を告げ、司法警察員事件送致記載の犯罪事実の要旨及び別紙記載の事項につき告知及び教示をした上、弁解の機会を与えるとともに、取り調べたところ、任意次のとおり供述した。
1　今読んでもらった事実の意味はわかりました。
　　今読んでもらった事実は違います。
　　花子は、勝手に転んで階段から落ちたのです。私は暴行をしていません。
2　花子が階段から落ちた時、私がその場にいたことは間違いありません。
3　国選弁護人を選任する権利があることは分かりました。

甲　山　　太　郎　　指印

供述人の目の前で、上記のとおり口述して録取し、読み聞かせかつ、閲読させたところ、誤りのないことを申し立て、末尾に署名・指印した上、各ページ欄外に指印した。
前同日
　　　　東京地方検察庁
　　　　　　検察官　　検事　　桜日　京子
　　　　　　　　検察事務官　　吉田　恭平
（別紙）
1　あなたは、弁護人を選任することができます。
2　あなたに弁護人がない場合に自らの費用で弁護人を選任したいときは、弁護士、弁護士法人（弁護士・外国法事務弁護士共同法人を含む。）又は弁護士会を指定して申し出ることができます。その申し出は、検察官か、あなたが留置されている施設の責任者（刑事施設の長若しくは留置業務管理者）又はその代理者に対してすることができます。

3　あなたが、引き続き勾留を請求された場合において貧困等の事由により
　自ら弁護人を選任することができないときは、裁判官に対して弁護人の選任
　を請求することができます。裁判官に対して弁護人の選任を請求するには資
　力申告書を提出しなければなりません。あなたの資力が50万円以上であると
　きは、あらかじめ、弁護士会に弁護人の選任の申し出をしていなければなり
　ません。
　　4　あなたが、弁護人又は弁護人となろうとする弁護士と接見したいことを
　申し出れば、直ちにその旨をこれらの者に連絡します。

【解　説】

　乙3号証を不同意とする場合も、任意性を争うか否かで進行が大きく異な
り得ることは乙2号証と同様です。ただし、本件における乙3号証の供述内
容では、被疑事実を否認しており、弁護人のケースセオリーに矛盾するよう
な事実が述べられているわけでもありませんので、任意性を争う実益は乏し
いように考えられます。任意性を争わない方針であるならば、「不同意　た
だし、任意性は争わない。」といった証拠意見が考えられます。そして、こ
の場合の裁判所の対応は、採否を留保したうえで、被告人質問を先行させ、
被告人質問終了後に採否を判断することになると考えられます。

　ところで、本件における被告人質問において、「花子が階段から落ちた時、
私は2階の階段付近にいました」という供述がなされたとしましょう。裁判
所は、被告人質問が終了すると、検察官に対して乙3号証の請求を維持する
かどうかを尋ねることになります。そして、検察官が法322条1項に基づく
取調べを請求すると[38]、裁判所はこれに対する意見を弁護側に求めます。本
件における乙3号証では、被告人は罪体を否認しているため、狭義の自白は
存在しません。ただし、「不利益な事実の承認」とは、狭義の自白を含み、
かつ、これより広く、犯罪事実の全部又は一部の認定の基礎となり得る間接
事実（再間接事実も同じ）の存在を認める供述も全て含まれると解釈されて

38　なお、本件では乙3号証にそれほどの証拠価値はないと考えられるため、検察官は乙3号証を
　撤回する可能性が高いと考えられる。

120

3. 乙号証　（3）検察官面前調書

いますから、「花子が階段から落ちた時、私がその場にいたことは間違いありません」という供述は甲山太郎に犯行の機会があったことを示す事実を承認するものとして、不利益事実の承認に該当するものと考えられます。
　例えば、以下のような法廷でのやりとりが考えられます。

（裁判長）検察官、乙3号証については、いかがされますか。
（検察官）刑事訴訟法322条1項に基づき取調べを請求いたします。
（裁判長）弁護人、ご意見は。
（弁護人）刑事訴訟法322条1項の不利益事実の承認には該当しませんし、被告人質問の結果を踏まえますと取調べの必要性もありません。
（裁判長）検察官、弁護人は不利益事実の承認には該当しないというご意見ですが、この点について何か補足する点はありますか。
（検察官）乙3号証では「花子が階段から落ちた時、私がその場にいたことは間違いありません」との被告人の供述が録取されており、被告人に犯行の機会があったことを承認するものですので、不利益事実の承認に該当するものと思料いたします。
（弁護人）裁判長、甲山さんは、被告人質問において、花子さんが階段から落ちた時にその場にいたことは供述していますので、やはり乙3号証を取り調べる必要性はありません。
（裁判長）提示命令をかけます。
　　　　　（検察官は乙3号証を裁判官に渡し、裁判官は乙3号証の記載内容を確認したうえで検察官に返却する）
　　　　　乙3号証については、刑事訴訟法322条1項の不利益事実の承認には該当するものの、取調べの必要性がないものとして、却下します。

　なお、提示命令は規則192条に基づくものです。刑事訴訟規則は「証拠調の決定をするについて必要があると認めるときは、訴訟関係人に証拠書類又は証拠物の提示を命ずることができる。」と定めています。乙号証の採否の

Ⅰ　検察官請求証拠編

場面では、この提示命令をかけて乙号証の法322条1項該当性や取調べの必要性の判断をすることが多いので、面食らわないようにしましょう。

（4）犯罪経歴照会結果報告書

乙4号証：犯罪経歴照会結果報告書

立証趣旨：被告人の前歴関係

作 成 日：令和5年6月16日

供 述 者：司法巡査　佐々木啓介

内　　　容：平成19年8月26日の暴行の前歴等が記載されている。

3. 乙号証 （4）犯罪経歴照会結果報告書

報告書番号

犯罪経歴照会結果報告書

令和5年6月16日

警視庁西警察署
司法警察員　警視　牛田　龍之介　殿

警視庁西警察署

司法　巡査　佐々木　啓介

本（国）籍	
住　　居	
出 生 地	
フリガナ 氏　　名	コウヤマ　タロウ 甲山　太郎
生年月日	昭和59年1月20日

職　　業		性　別	男

上記の者に対する犯罪経歴について、令和5年6月16日、警察庁に照会したところ、次のとおり回答があったので報告する。

該当の有無	有

本（国）籍	福岡県北九州市A区B一丁目4番1号
住　　居	東京都中野区C町一丁目2番3号
出 生 地	福岡県北九州市
フリガナ 氏　　名	コウヤマ　タロウ 甲山太郎
生年月日	昭和59年1月20日

職　　業	無職	性　別	男

犯歴番号	
写真番号	

取扱者	佐々木啓介	

123

I　検察官請求証拠編

報告書番号			
指　名　手　配			
	手配年月日	手配署等	手配罪名(手口)	種別
1				
2				
3				
犯　罪　経　歴					
	検挙年月日	検挙署	罪名(手口)	処分年月日	処分庁	処分結果
1	平成31年2月4日	武蔵野	傷害	令和元年5月22日	東京地裁	懲役(S) 00年10月/03年00月
2	平成23年10月12日	渋谷	傷害	平成23年12月27日	東京簡裁	罰金 ¥300,000
3	平成19年8月26日	八幡南	暴行	平成19年8月26日		微罪処分
4						
5						
6						
7						
8						
9						
10						
				取扱者	佐々木啓介	

【解　説】

　乙4号証を不同意にすると、検察官は、乙4号証を法323条1号の「公務員……がその職務上証明することができる事実についてその公務員の作成した書面」又は同条3号の「特に信用すべき情況の下に作成された書面」として取調べを請求することになります。

　裁判所は、検察官による同条1号又は同条3号に基づく取調請求を受けると、弁護人に対し意見を求めます。

　弁護人は、「刑事訴訟法323条1号又は同条3号の書面には該当しないため、

124

その取調べには異議があります」、「刑事訴訟法323条1号又は同条3号の書面には該当することは争わないが、必要性・関連性がないため、その取調べには異議があります」といった意見を述べることになるでしょう。なお、犯罪経歴照会結果報告書については、前科関係証拠よりも必要性・関連性の吟味が必要であるといえます。特に、嫌疑不十分で不起訴処分とされている前歴については、こうした前歴に関する事実を立証したところで、量刑判断においても意義は乏しいばかりか、不当な偏見を招くものといわざるを得ないため、必要性・関連性の観点からも異議を述べることを積極的に検討しましょう。

　そして、裁判所は、弁護人の意見を聞いたうえで、同条1号又は3号の書面に該当するか否かの判断を示します。

　ところで、都道府県警察は、犯罪捜査の用に供する以外の目的（海外への渡航における証明書の発行等）でも、犯罪経歴に関する情報を収集・管理していますので、犯罪経歴照会結果報告書も「公務員が……その職務上証明することができる事実についてその公務員の作成した書面」に含まれると解釈されることが多いのではないかと考えられます。犯罪経歴照会結果報告書ではありませんが、古い裁判例として、指紋対照方照会に対する国家地方警察本部刑事鑑識課作成の回答書について、同条1号の要件を充足する証拠であると判断されたものがあります（大阪高判昭和24年10月21日高刑判特1号279頁〔27912822〕）。

　もっとも、犯罪経歴照会結果報告書については、被告人に内容を確認してもらったところ、その記載内容に誤りがあることが判明した事例もありますので、注意が必要です。

（5）前科調書

乙5号証：前科調書

立証趣旨：被告人の前科関係

作 成 日：令和5年7月1日

I　検察官請求証拠編

供述者：検察事務官　吉田恭平

内　　容：平成23年10月12日の傷害の前科、平成31年2月4日の傷害の前科がそれぞれ記載されている。

前科調書（甲）

照会番号　　　　　　　　　　　　　　　　　　　　　　　　　　　　　　1頁
犯歴番号

氏名	甲山　太郎					令和5年7月1日作成
生年月日	昭和59年1月20日					作成者
氏名通常読み	コウヤマ　タロウ					東京地方検察庁
異名						検察事務官
本籍	福岡県北九州市A区B一丁目4番1号					吉田恭平
逃亡者等	区分	通知庁名	年次	番号	とん刑	
備考						

裁判の日等	裁判所名簿	刑名刑期金額等
裁判の日　　　平成23年12月27日	裁判区分　　　　略式	罰金300,000円
確定の日　　　平成24年1月12日	確定事由　　　自然確定	
刑の始期	言渡裁判所	
仮釈放（仮出獄）の日	東京簡易裁判所	
実刑部分の期間の執行終了の日		
一部執行猶予期間の起算日		
執行猶予取消決定の日	執行猶予取消裁判所	
執行猶予取消確定の日		
一部執行猶予取消に係る刑期の始期		
刑執行終了の日　　　平成29年1月12日		
罪　名	備　考	
傷害		

（注1）「裁判の日等」欄の「実刑部分」とは、「刑の一部の執行猶予の言渡しを受けてその刑のうち執行が猶予されなかった部分」をいう。

（注2）刑の一部の執行猶予の言渡しがあった場合において、当該言渡しを取り消されることなくその猶予期間が満了したときは、「実刑部分の期間の執行終了の日」記載の日が刑執行終了の日となる。

3. 乙号証　（5）前科調書

前科調書(甲)

照会番号　　　　　　　　　　　　　　　　　　　　　　　　　　　　2頁
犯歴番号

裁判の日等	裁判所名簿	刑名刑期金額等
裁判の日 　　令和元年5月22日	裁判区分 　　　　宣告	
確定の日 　　令和元年6月6日	確定事由 　　　　自然確定	懲役10月
刑の始期	言渡裁判所 　　　東京地方裁判所	3年間執行猶予
仮釈放(仮出獄)の日		
実刑部分の期間の執行終了の日		
一部執行猶予期間の起算日		
執行猶予取消決定の日	執行猶予取消裁判所	
執行猶予取消確定の日		
一部執行猶予取消に係る刑期の始期		
刑執行終了の日		
罪　名	備　考	
傷害		

(注1)「裁判の日等」欄の「実刑部分」とは、「刑の一部の執行猶予の言渡しを受けてその刑のうち執行が猶予されなかった部分」をいう。
(注2)刑の一部の執行猶予の言渡しがあった場合において、当該言渡しを取り消されることなくその猶予期間が満了したときは、「実刑部分の期間の執行終了の日」記載の日が刑執行終了の日となる。

【解　説】

　乙5号証を不同意にすると、検察官は、乙5号証を法323条1号の「公務員……がその職務上証明することができる事実についてその公務員の作成した書面」又は同条3号の「特に信用すべき情況の下に作成された書面」として取調べを請求することになります。

　前科調書は、「犯歴担当事務官が、特定の者が有罪の裁判を受けこれが確定した事実を明らかにする書面」（犯歴事務規程13条2項）であり、検察事務官が作成する前科に関する調査結果の報告書です。検察事務官は、犯歴事務規程に基づき、対象となる裁判が確定したときは、電子計算機により当該裁判を把握する手続をすることとされています。そして、検察事務官は、特定の刑事事件について、自ら又は他の検察庁の犯歴担当事務官に対し照会す

るなどして、前科に関する調査結果を前科調書としてまとめることになります。

　裁判所は、検察官による同条１号又は３号に基づく取調請求を受けると、弁護人に対し意見を求めます。弁護人は、「刑事訴訟法323条１号又は同条３号の書面には該当しないため、その取調べには異議があります」、「刑事訴訟法323条１号又は同条３号の書面には該当することは争わないが、必要性・関連性がないため、その取調べには異議があります」などの意見を述べることになるでしょう。そのうえで、取調べの時期に関する意見を検討することも大切です。被告人質問の前に前科に関する証拠が取り調べられると、裁判官は、被告人に対する予断や偏見を抱いて被告人質問に臨むかもしれません。こうした危険を避けるために、公判審理の最後の被告人質問終了後に前科に関する証拠を取り調べる方が適切と考えられます。そこで、例えば、「刑事訴訟法323条１号の書面として取り調べることには異議がないが、公判審理の最後の被告人質問終了後に取調べをされたい」などといった意見を述べることが考えられます。

（6）判決書謄本

乙６号証：判決書謄本

立証趣旨：被告人の前科の内容

作　成　日：令和元年５月22日

供　述　者：裁判所書記官　郡山静子

内　　　容：平成31年２月４日宣告の傷害の前科について、認定された犯罪事実や量刑の理由を含めて記載されている。

3. 乙号証 （6）判決書騰本

令和元年5月22日宣告　裁判所書記官　　郡山　静子　㊞

平成31年（わ）第○号

判　　決

本籍　福岡県北九州市A区B一丁目4番1号
住居　東京都中野区C町一丁目2番3号
職業　会社員

甲　山　太　郎
昭和59年1月20日生

　上記の者に対する傷害被告事件について、当裁判所は、検察官関口晃及び
国選弁護人室伏智各出席の上審理し、次のとおり判決する。

主　　文

　被告人を懲役10月に処する。

　この裁判が確定した日から3年間その刑の執行を猶予する。

　訴訟費用は被告人の負担とする。

理　　由

（罪となるべき事実）

　被告人は、平成31年2月4日午後9時30分頃、東京都武蔵野市E町35番5
号所在の「焼肉すみ吉2号店」において、交際相手である大津ちあき（当時
33歳）に対し、同女の顔面を拳で複数回殴る等の暴行を加え、よって、同女
に加療約2か月を要する右眼底骨骨折等の傷害を負わせた。

（証拠の標目）

・被告人の公判供述

・被告人の検察官調書（乙3）、警察官調書（乙2）

・大津ちあきの検察官調書（甲1）、井上茉莉花の警察官調書（甲5）

・被害状況に関する写真撮影報告書（甲2）

・診断書（甲3）

・犯行現場の実況見分調書（甲4）

・防犯カメラの精査並びに写真撮影報告書（甲6）

（法令の適用）

1　罰条　　　　　刑法204条

129

2　刑種の選択　　　懲役刑を選択

3　刑の執行猶予　　刑法25条１項

4　訴訟費用の負担　刑事訴訟法181条１項本文

（量刑の理由）

　　本件は、交際相手に対する傷害１件の事案である。被害者の負った傷害結果は加療約２か月を要する右眼底骨骨折等と相応に重たいものであり、決して軽視できない。また、犯行態様についても、口論の末とはいえ、被害者の顔面を一方的に手拳で殴りつけたうえ、これを止めようとした飲食店従業員の制止を振り切ってまでも暴行を重ねたというものであり、危険で執拗なものだったといわざるを得ない。

　　これらの事情からすれば、被告人の刑事責任を軽くみることはできず、罰金刑ではなく、懲役刑に処することはやむを得ない。他方で、被告人が事実を認めて反省の態度を示していること、勤務先の上司が情状証人として出廷し今後の指導監督を誓約していること、被害者自身が被告人を宥恕するに至っていることなど、被告人に有利に斟酌すべき事情もあるため、被告人については、主文の刑に処したうえで、その刑の執行を猶予し、社会内で更生する機会を与えるのが相当である。

（求刑　懲役１年２月）

令和元年５月22日

　　東京地方裁判所立川支部第１刑事部

　　　　　　裁　判　官　　安　元　慎　二　㊞

【解　説】

　　乙６号証を不同意にすると、検察官は、乙６号証を法323条１号の「公務員……がその職務上証明することができる事実についてその公務員の作成した書面」として取調べを請求することになります。

　　裁判所は、検察官による同号に基づく取調請求を受けると、弁護人に対し意見を求めます。判決書謄本については、同号に該当する書面であることを争うことは難しいと思われますので、「刑事訴訟法323条１号に該当する書面であることは争わないが、必要性・関連性がないため、取調べには異議があります」といった意見を述べることが考えられます。

判決書謄本には、前科調書と異なり、前科の対象となる犯罪事実や量刑の理由が具体的に記載されており、事案によっては詳細な内容にわたっている場合もあります。確かに、法323条１号の書面で立証できるのは、乙６号証記載の裁判があったこと及びその内容であり、その判断の基礎となった事実の存否ではないとされています。しかしながら、こうした判決書謄本を取り調べると、主として関連性の観点から問題が生じます。特に、本件のように公訴事実を否認して争っている事案では、同種前科に関する詳細な事実関係を取り調べることは、悪性格立証と同様の問題が生じかねません。本件の乙６号証は平成31年２月４日の傷害の同種前科に関するものであり、交際期間中とはいえ、ちあきに対する傷害の事案ですから、甲山太郎が家庭内暴力に及びかねない人物ではないかとの人格的評価を与える危険があり、不当な予断・偏見を抱かせることになりかねないといえます。したがって、本件において、弁護人は不同意の意見を表明すべきであり、証拠の採否における意見においても、必要性・関連性の観点から異議を述べることが必要だと考えられます。この場合には、例えば「刑事訴訟法323条１号の書面に該当することは争わないが、乙６号証を取り調べると不当な予断・偏見を抱かせる危険性が高いため関連性がなく、その取調べには異議があります」といった意見が考えられます。

　なお、判決書謄本が採用された場合の取調べの時期に関しては、乙５号証（前科調書）の解説で述べたところと同じですが、判決書謄本には前科調書よりも具体的な記載があることが通常であるため、より一層の注意が求められます。

（7）略式命令謄本

乙７号証：略式命令謄本

立証趣旨：被告人の前科の内容

作 成 日：平成23年12月27日

供 述 者：裁判所書記官　小林倫太郎

I　検察官請求証拠編

内　　容：平成23年12月27日発令の傷害の罪に関する略式命令について、公
　　　　　訴事実の記載や罰金30万円に処せられたこと等が記載されている。

3．乙号証　（7）略式命令謄本

　　　　　　　　　　　裁判確定年月日
　　　　　　　　　　　徴収番号
　　　　　　　　　　　平成　年度
　　　　　　　　　　　第　号

平成２３年（い）第○号

略　式　命　令

被告人　甲山　太郎

　本籍（国籍等）、住居、職業、生年月日及び事件名は、起訴状の記載を引用する。

　上記被告事件について、次のとおり略式命令をする。

　　　　　　　　　　　　主　　　　文

被告人を　罰金３０万円　に処する。

　この罰金を完納できないときは、金５０００円を１日に換算した期間被告人を労役場に留置する。ただし、端数を生じたときは、これを１日とする。

　この罰金に相当する金額を仮に納付することを命ずる。

　　　　　　　　　　　　罪となるべき事実

起訴状記載の公訴事実を引用する。

　　　　　　　　　　適　用　し　た　法　令

起訴状記載の罰条を引用するほか

刑法１８条、刑事訴訟法３４８条

　平成２３年１２月２７日

　　　東京簡易裁判所

　　　　　　　　裁　判　官　　　出口　弘美

この命令送達の日の翌日から１４日以内に正式裁判の請求をすることができる。

１　即日謄本を検察庁に送付して送達した。
２　平成　年　月　日謄本を検察庁に送付して送達した。
３　即日弁護人に対し連絡した。
　　　　　　　　　　　　裁判所書記官

133

Ⅰ　検察官請求証拠編

平成２３年検○号

起　訴　状

平成２３年１２月１９日

東京簡易裁判所　殿

東京区検察庁

検察官事務取扱検察事務官　川　津　洋　平　㊞

下記被告事件につき公訴を提起し、略式命令を請求する。

記

本籍　福岡県北九州市Ａ区Ｂ一丁目４番１号

住居　東京都中野区Ｃ町一丁目２番３号

職業　無職

甲　山　太　郎

昭和５９年１月２０日生

公　訴　事　実

　被告人は、平成２３年１０月１２日午後１０時３０分頃、東京都渋谷区Ｆ町６２番２３号所在の「スナックエンドレスⅡ」において、石田良司（当時３４歳）に対し、同人の顔面を拳で複数回殴る等の暴行を加え、よって、同人に加療約２週間を要する顔面打撲等の傷害を負わせたものである。

罪　名　及　び　罰　条

傷　害　　刑法第２０４条

134

3. 乙号証　(8) 戸籍全部事項証明書

【解　説】

　乙7号証を不同意にすると、検察官は、乙7号証を法323条1号の「公務員……がその職務上証明することができる事実についてその公務員の作成した書面」として取調べを請求することになります。

　裁判所は、検察官による同号に基づく取調請求を受けると、弁護人に対し意見を求めます。この略式命令謄本についても、同号に該当する書面であることを争うことは難しいと思われます。したがって、「刑事訴訟法323条1号に該当する書面であることは争わないが、必要性・関連性がないため、取調べには異議があります」といった意見を述べることが考えられます。

　なお、本件における乙7号証（略式命令謄本）は、罰金の完納から5年以上が経過している点に留意する必要があります。罰金以下の刑の執行を終わり、罰金以上の刑に処せられないで5年を経過したときには、刑の言渡しは効力を失いますから（刑法34条の2第1項後段）、証拠として乙7号証を取り調べる必要性は大きく低減しています。このことは、拘禁刑（懲役刑・禁錮刑）が問題となる場合も同様です（ただし、刑の効力が失われるまでの期間は10年です）。刑の効力が失われた前科の存在を量刑判断の資料としてもよいという趣旨の古い判例（最判昭和29年3月11日刑集8巻3号270頁〔27760448〕）が存在するとはいえ、そもそも刑の効力が失われた前科に関する事実を法廷に顕出する必要性があるのか否かには慎重な検討が必要といえるでしょう。

（8）戸籍全部事項証明書

乙8号証：戸籍全部事項証明書

立証趣旨：身上関係

作　成　日：令和5年6月16日

供　述　者：福岡県北九州市A区長

内　　　容：甲山太郎さんの本籍地、生年月日、家族関係等が記載されており、添付された附票には住所が記載されている。

Ⅰ　検察官請求証拠編

公　用	

(2の1) 全部事項証明

本　籍	福岡県北九州市Ａ区Ｂ一丁目4番1号
氏　名	甲山　太郎
戸籍事項 　戸籍改製	【改製日】 【改製事由】
戸籍に記録されている者	【名】太郎 【生年月日】昭和59年1月20日　　　【配偶者区分】　　夫 【父】甲山芳雄 【母】甲山茂子 【続柄】長男
身分事項 　出　生	【出生日】昭和59年1月20日 【出生地】北九州市Ａ区 【届出日】昭和59年1月22日 【届出人】父
婚　姻	【婚姻日】令和2年11月6日 【配偶者氏名】大津ちあき 【送付を受けた日】令和2年11月13日 【受理者】東京都中野区長 【従前戸籍】福岡県北九州市Ａ区Ｂ一丁目4番1号　甲山芳雄
養子縁組	【縁組日】令和2年11月6日 【養子氏名】山本花子 【送付を受けた日】令和2年11月13日 【受理者】東京都中野区長 【従前戸籍】東京都町田市Ｇ三丁目5番1号　山本潤
戸籍に記録されている者	【名】ちあき 【生年月日】昭和61年2月2日　　　【配偶者区分】　　妻 【父】大津権蔵 【母】大津幸子 【続柄】長女
身分事項 　出　生	【出生日】昭和61年2月2日 【出生地】東京都町田市 【届出日】昭和61年2月5日 【届出人】父 【送付を受けた日】昭和61年2月5日 【受理者】東京都町田市長
婚　姻	【婚姻日】令和2年11月6日 【配偶者氏名】甲山太郎 【送付を受けた日】令和2年11月13日 【受理者】東京都中野区長 【従前戸籍】東京都町田市Ｇ三丁目5番1号　山本潤

発行番号	以下次頁

3. 乙号証 （8）戸籍全部事項証明書

公 用	
	(2の2) 全部事項証明
戸籍に記録されている者	【名】花子 【生年月日】平成23年5月25日 【父】山本潤 【母】甲山ちあき 【続柄】長女 【養父】甲山太郎 【続柄】養子
身分事項 　出　生	【出生日】平成23年5月25日 【出生地】東京都町田市 【届出日】平成23年5月27日 【届出人】父 【送付を受けた日】平成23年5月27日 【受理者】東京都町田市長
養子縁組	【縁組日】令和2年11月6日 【養父氏名】甲山太郎 【送付を受けた日】令和2年11月13日 【代諾者】親権者母 【従前戸籍】東京都町田市Ｇ三丁目5番1号　山本潤
	以下余白

発行番号
　これは、戸籍に記録されている事項の全部を証明した書面である。
　　　令和5年6月16日

福岡県北九州市Ａ区長

137

Ⅰ　検察官請求証拠編

公　用	
	(1の1)｜全　部　証　明

改製日	
本　籍	福岡県北九州市Ａ区Ｂ一丁目4番1号
氏　名	甲山　太郎
附票に記録されている者	【名】太郎 【生年月日】昭和59年1月20日　　【性別】男 【住　所】東京都中野区Ｃ町一丁目2番3号 【住定日】令和2年11月6日
附票に記録されている者	【名】ちあき 【生年月日】昭和61年2月2日　　【性別】女 【住　所】東京都中野区Ｃ町一丁目2番3号 【住定日】令和2年11月6日
附票に記録されている者	【名】花子 【生年月日】平成23年5月25日 【住　所】東京都中野区Ｃ町一丁目2番3号 【住定日】令和2年11月6日
	以下余白

発行番号
　この写しは戸籍の附票の原本と相違ないことを証明する。
　　　　令和5年6月16日

福岡県北九州市Ａ区長

3. 乙号証 (8) 戸籍全部事項証明書

【解　説】

　乙8号証を不同意にすると、検察官は、乙8号証を法323条1号の「戸籍謄本」として取調べを請求することになります。なお、戸籍謄本については、被告人の人定事項を立証するための証拠として必要性が認められるでしょう。

　裁判所は、検察官による同号に基づく取調請求を受けて、弁護人に対し意見を求めることになります。戸籍全部事項証明書については、偽造など特別の事情がない限り、同号の「戸籍謄本」に該当することに争いようがないと思われますので、「刑事訴訟法323条1号の戸籍謄本に該当することは争わない」といった意見を述べることになります。

　なお、戸籍全部事項証明書については、不同意の証拠意見を表明することに実益がほとんどないため、同意の意見を表明することが大半であると思われます。

II

弁護人請求証拠編

Ⅱ　弁護人請求証拠編

1.　事例

【起訴状】

令和6年検第○号

起　訴　状

令和6年1月25日

東京地方裁判所　殿

東京地方検察庁

検察官　検事　窪田　幸雄　㊞

下記被告事件につき公訴を提起する。

記

本　籍　東京都品川区H町3番9号
住　居　東京都品川区J町一丁目2番3号
職　業　無職

勾留中

乙　野　京　子

昭和44年1月15日生

公　訴　事　実

被告人は、令和6年1月5日午前11時11分頃、東京都品川区J町二丁目24番1号所在の「スーパーマーケットコレナス」において、同店店長須藤甚平管理の幕の内弁当等14点（販売価格合計8366円）を窃取したものである。

罪　名　及　び　罰　条
窃盗　　刑法第235条

142

1. 事例

【依頼者からの聴取内容】

　お昼ご飯を買うために自宅から近いスーパーに行きました。

　スーパーに入店すると、この店の買い物かご1個を手に持ちました。

　まず陳列してあった幕の内弁当5個を買い物かごに入れた後、持っていたショルダーバッグに1個ずつ入れていきました。次に、買い物かごに入れていたあんぱん2個を私が着ていたジャンパーの左右のポケットに1個ずつ押し込みました。これでお店の買い物かごは空になりましたので、近くの買い物かご置き場に戻しました。店の売り場を移動して、陳列してあったマンゴー2個と梨3個をショルダーバッグから取り出した白いビニール袋に入れました。さらに売り場を移動してせんべいのパックを2つ、着ていたジャンパーの内側に入れました。その後、代金は支払わずに店の外に出たところ、捕まりました。

　盗んだものはすべて私1人で食べるつもりでした。捕まったときは現金2万円やクレジットカードを持っていたので買おうと思えば買えました。ですが、万引きしてしまった理由はよくわかりません。警察や検察には、万引きをしているときのドキドキ感や達成感があったという話をしています。夫は一部上場企業の取締役をしており、毎月夫からお小遣いとして50万円もらっています。2人の保有資産は、おそらく5億円くらいだと思います。

　なお、私は以前にも万引きで逮捕され、裁判を受けたことがあり、現在執行猶予中です。判決の日は、令和4年12月5日だったと記憶しています。判決内容は、懲役10月、執行猶予3年でした。

143

Ⅱ　弁護人請求証拠編

【検察官請求証拠】

請求者等　検察官							令和6年（刑わ）第○号	

証 拠 等 関 係 カ ー ド （甲）　（No.　1　）

（このカードは，公判期日，公判前整理手続期日又は期日間整理手続期日においてされた事項については，各期日の調書と一体となるものである。）

番号　標　目〔供述者・作成年月日，住居・尋問時間等〕立　証　趣　旨（公　訴　事　実　の　別）	請求期日	意　見		結　果		取調順序	備　考
		期日	内　容	期日	内　容		編てつ箇所
1　　現逮 （員）植野達夫 〔　　　　　　6.1.5〕 逮捕時の被告人の言動等 （　　　　　　　　　）							
2　　検 中本淳 〔　　　　　　6.1.8〕 犯行目撃情況 （　　　　　　　　　）							
3　　害 須藤甚平 〔　　　　　　6.1.5〕 被害状況 （　　　　　　　　　）							
4　　追害 須藤甚平 〔　　　　　　6.1.10〕 被害品の特定、被害金額の特定等 （　　　　　　　　　）							
5　　実 （員）冨塚文雄 〔　　　　　　6.1.9〕 犯行場所の特定 （　　　　　　　　　）							

（被告人一名用）

（被告人　乙野京子）

144

1. 事例

請求者等　検察官								令和5年（刑わ）第○号	
証　拠　等　関　係　カ　ー　ド　（甲）								（No. 2 ）	
（このカードは，公判期日，公判前整理手続期日又は期日間整理手続期日においてされた事項については，各期日の調書と一体となるものである。）									
番号		請求	意　見		結　果			備　考	
標　　　目 〔供述者・作成年月日，住居・尋問時間等〕		期	期	内　容	期	内　容	取調順序		
立　証　趣　旨 （公　訴　事　実　の　別）		日	日		日			編てつ箇所	
6	防犯カメラ解析結果報告書								
	（員）冨塚文雄								
	〔　　　　　6. 1. 9〕								
犯行状況等									
	（　　　　　　　）								
7	写報								
	（員）冨塚文雄								
	〔　　　　　6. 1. 5〕								
被害品の形状等									
	（　　　　　　　）								
8	写報								
	（員）冨塚文雄								
	〔　　　　　6. 1. 5 〕								
犯行に用いたビニール袋等の形状									
	（　　　　　　　）								
9	還								
	（員）冨塚文雄								
	〔　　　　　5. 1. 11 〕								
被害品が還付されたこと									
	（　　　　　　　）								
10									
	〔　　　　　　　〕								
	（　　　　　　　）								

（被告人　乙野京子）

Ⅱ　弁護人請求証拠編

請求者等　検察官								令和6年（刑わ）第○号	

証 拠 等 関 係 カ ー ド （乙）　　（No. 1 ）

（このカードは，公判期日，公判前整理手続期日又は期日間整理手続期日においてされた事項については，各期日の調書と一体となるものである。）

番号　　　　　　標　　　　目〔供述者・作成年月日，住居・尋問時間等〕立　証　趣　旨（公　訴　事　実　の　別）	請求期日	意　見		結　果		取調順序	備　考
		期日	内　容	期日	内　容		編てつ箇所
1　員 （被） 〔　　　　　　6.1.5〕 被告人の身上・経歴等 （　　　　　　　　　　）							
2　検 （被） 〔　　　　　　6.1.12〕 犯行に至る経緯、犯行状況等 （　　　　　　　　　　）							
3　裁（抄） （被） 〔　　　　　　4.8.6〕 前回の裁判における供述内容等 （　　　　　　　　　　）							
4　戸 東京都品川区長 〔　　　　　　6.1.18〕 身上関係 （　　　　　　　　　　）							
5　犯歴 （員）藤田大平 〔　　　　　　6.1.10〕 被告人の前歴関係 （　　　　　　　　　　）							

（被告人一名用）

（被告人　乙野京子）

1. 事例

請求者等 検 察 官							令和5年（刑わ）第○号	
証 拠 等 関 係 カ ー ド （乙）							（No. 2 ）	

（このカードは，公判期日，公判前整理手続期日又は期間整理手続期日においてされた事項については，各期日の調書と一体となるものである。）

番号 標 目 〔供述者・作成年月日，住居・尋問時間等〕 立 証 趣 旨 （公 訴 事 実 の 別）	請求 期日	意　見		結　果			備　考
		期日	内　容	期日	内　容	取調順序	編てつ箇所
6　前科 （事）紙本博太郎 〔　　　　　　6.1.11〕 被告人の前科関係 （　　　　　　　）							
7　略 棚岡将司 〔　　　　　　3.9.5〕 被告人の前科の内容 （　　　　　　　）							
8　判 兼子さとみ 〔　　　　　　4.12.5〕 被告人の前科の内容 （　　　　　　　）							
9 〔　　　　　　　〕 （　　　　　　　）							
10 〔　　　　　　　〕 （　　　　　　　）							

（被告人　乙野京子）

Ⅱ　弁護人請求証拠編

［甲1号証］

現行犯人逮捕手続書（乙）

　令和6年1月5日午前11時20分、東京都品川区J町二丁目24番1号スーパーマーケットコレナス前路上において、下記現行犯人を受け取った手続は、次のとおりである。

記

1　逮捕者の住居、職業、氏名、年齢
　　住居　東京都目黒区K町一丁目1番23号
　　職業　保安員（株式会社　浦和赤菱警備保障）
　　氏名　中本　淳
　　年齢　昭和31年5月6日生　（67歳）

2　被疑者の住居、職業、氏名、年齢
　　住居　自称　東京都品川区J町一丁目2番3号
　　職業　自称　無職
　　氏名　自称　乙野　京子
　　年齢　自称　昭和44年1月15日生　（54歳）

3　逮捕の年月日
　　令和6年1月5日午前11時11分頃

4　逮捕の場所
　　東京都品川区J町二丁目24番1号スーパーマーケットコレナス前路上

5　現行犯人と認めた理由及び事実の要旨
　　逮捕者が、令和6年1月5日午前11時頃、東京都品川区J町二丁目24番1号所在のスーパーマーケットコレナスで私服保安員として勤務中、弁当が販売されているケースの前で周りを気にしながら弁当を一つだけ持ち上げている被疑者を見つけたため様子を見ていると、持っていた弁当を自分のショルダーバッグに入れた。さらに逮捕者が被疑者を注視していると、あんぱん、菓子パン、マンゴー、梨等をポケットやショルダーバッグの中から取り出し

148

た白いビニール袋に入れた。

　その後、被疑者は、それらの商品をレジで会計することなく店舗の外に出たので、被疑者を現行犯人と認めた。

6　逮捕の状況

　逮捕者が、被疑者に対し「お支払いされましたか。」と声をかけたところ、逃走しようと走り出したため、被疑者のショルダーバッグを右手で掴んだが、被疑者は暴れながら店舗から去ろうとした。そのため、逮捕者は、駆け付けたスーパーマーケットコレナスの制服警備員の協力を得て逮捕した。

7　証拠資料の有無

　あり

　本職らは、令和6年1月5日午前11時50分、被疑者を警視庁南警察署司法警察員に引致した。

　　　上記引致の日

　　　　　　　　　　　　　　警視庁南警察署
　　　　　　　　　　　　　　　司法警察員巡査部長　植野達夫　㊞

　　　　　　　　　　　　　　　逮捕者　　中本　淳　㊞

　本職は、令和6年1月7日午前8時30分、被疑者を関係書類等とともに、東京地方検察庁検察官に送致する手続きをした。

　　　上記送致の日

　　　　　　　　　　　　　　警視庁南警察署
　　　　　　　　　　　　　　　司法警察員警部補　原口翔也　㊞

　　　　　　　　　　　　　　　　　　　　　　　　　　　　　以上

Ⅱ　弁護人請求証拠編

［甲2号証］

供　述　調　書

本籍
住居
職業
氏名　中本　淳

昭和31年5月6日生（67歳）

　上記の者は、令和6年1月8日、東京地方検察庁において、本職に対し、任意次のとおり供述した。

1　私は、埼玉県さいたま市浦和区に本社を置く株式会社浦和赤菱警備保障所属の保安員であり、保安員はいわゆる「万引きGメン」とも呼ばれ、その業務は、契約先の店舗内を巡回し、店内での万引きなどの窃盗等の迷惑行為を警戒し、発見次第対応するサービスを行っています。

　　私は、現在の会社に勤務して15年目になり、保安員歴は15年になります。視力は両眼とも1.5あります。

　　私が所属する会社からは、犯人が陳列した商品を盗んだ場面をしっかりと目で見て確認し、後で言い訳ができないように、お店を出たところで声をかけるように指示をされています。今回も、そのとおり実行して万引き犯人を現行犯逮捕致しました。

　　私は、弊社とスーパーマーケットコレナスとの契約に基づき、令和6年1月5日は同店舗内において、万引き防止業務に従事していました。

2　私は、この日は午前10時から、スーパーマーケットコレナスにおいて保安業務を開始しましたが、巡回中、今回の犯人の女性が万引きするところを目撃し、同人が店舗の外に出て歩道に出たところで現行犯逮捕し、駆け付けた制服警備員にすぐに110番通報してもらったので、その状況についてお話します。

　　私は、令和6年1月5日午前11時頃、スーパーマーケットコレナス店舗内の弁当が陳列されているケースの前において、キョロキョロと周囲を凄く気にしながら、左手に買い物かごを持ち、右手に幕の内弁当を持っている不審な女性を見つけました。これは必ず万引きする人だと思って注視し

150

ていると、その女性は左肩にかけていたショルダーバッグに幕の内弁当を入れました。そして、この女性はまたキョロキョロと凄く周囲を気にしながら、菓子パンコーナーに行くと、そこにあったいくつかのあんぱんを買い物かごに入れました。さらにこの女性は、周囲をキョロキョロと凄く気にしながら、周りに人がいないことを確かめ、移動をしながら買い物かごに入ったあんぱんを上着の左右のポケットに入れていました。それにより買い物かごは空になったので、この女性は買い物かごを積まれている位置に戻しました。次に女性は周囲を気にしながら、フルーツ売り場に行き、ショルダーバッグの中から白いビニール袋1袋を取り出し、マンゴーや梨を白いビニール袋に入れました。さらにお菓子売り場に行き、せんべいを手に取っていました。そのとき死角になってどこに入れたのかは見えなかったのですが、次に見た瞬間にはその手にせんべいがありませんでしたので、どこかに入れたのだと思います。その後、この女性はレジの近くをうろうろしてから、これらの商品の代金を支払うことなく店の外に出ました。店舗を出たところで「お支払いはされましたか」と声をかけたところ、この女性は「支払いはしました」などと大声で叫び出したので、この声を聞きつけた制服警備員が臨場してこの女性を捕まえました。制服警備員は、その場で110番通報をしたうえで、この女性を店の事務所に連れて行きました。警察官が来てからバッグの中身を出させると、幕の内弁当5個、あんぱん2個、マンゴー2個、梨3個、せんべい2パックの合計14点がこの女性のショルダーバッグ、白いビニール袋、上着から出てきました。

3　この女性は私が声を掛けたら支払いはしたなどと嘘をついて逃げようとしましたし、万引きをした量も多く被害額も多額ですので、厳重に処罰してほしいと思います。

中本　淳　㊞

　供述人の目の前で、上記のとおり録取して読み聞かせ、かつ、閲読させたところ、誤りのないことを申し立て、末尾に署名押印した上、各ページ欄外に押印した。
　　　前同日
　　　　東京地方検察庁　検察官検事　窪田幸雄　㊞

Ⅱ　弁護人請求証拠編

【弁護人が予定している弁論骨子】

　本件は窃盗症影響下での犯行であり、その情状に特に酌量すべき事情が存在するので、再度の執行猶予付きの判決が相当である。

（1）犯情について

　精神科医である阿部慎三医師が鑑定したとおり、依頼人は窃盗症に罹患しており、その影響により本件犯行に及んだ。

　本件犯行現場中、依頼人が窃取行為に及んだ場所は、いずれもスーパー内でも見通しの良い地点であり、このことが行動を制御できなかったことを端的に表している。現に、現行犯逮捕に及んだ万引きＧメンが犯行を視認した場所も、誰からでも見られる可能性のある場所であった。

　また、窃取の態様も異常である。依頼人が所持していたエコバッグは大きいものではなく、幕の内弁当5個を詰めたらそれだけでパンパンに膨れ上がる。のみならず、依頼人はジャンパーにも食料品を詰めているが、外観上異様なほどに膨れ上がってしまうことになる。その外観が異様であることにも思考が至らないほど、衝動が制御できていないことを示している。

　依頼人が、万引きをする合理的理由もない。執行猶予期間中の同種前科があるだけではなく、依頼人の夫は一部上場企業の取締役を務めており、夫婦の共有財産は約3億円にものぼる。依頼人は毎月夫からお小遣いとして50万円を得ている。公訴事実記載の8366円など、依頼人にとってはとるに足らない金額であるとさえいえる。窃盗症の影響でしか、依頼人の行動は説明できない。

　よって、本件は依頼人が窃盗症の影響によりなされたものであり、意思決定に対する非難を強くすることはできない。

　したがって、この事実は本件犯情を軽くする事情として考慮すべきである。

（2）一般情状について

　本件後、依頼人は心から反省し、再犯をしないことを誓っている。

　まず、被害に遭った店舗に対して謝罪文をお渡ししたうえで被害弁償をして示談が成立している。窃盗罪は財産犯であり、金銭的な被害が回復したという事実は、本件の違法性や責任を事後的に回復するものと評価するべきで

ある。

　また、依頼人は再犯防止のため、依存症専門クリニックに毎日通院し、回復を試みている。同クリニックでも依頼人は窃盗症と診断され、その診断に基づき、同クリニックが用意するカリキュラムを毎日受講している。現に、依頼人が保釈されてから本日まで、平日は毎日通っている。同クリニックでは、毎日衝動の高まりをカレンダーに記録するということをしているが、そのカレンダーによれば、当初は警告マークが出ることもあったが、現在では連日安定しているマークが並んでいる。これは治療の効果が上がっていることを示している。

　依頼人には入院中の実母がおり、看病が必要な状態にある。依頼人も、実母のためにも二度と再犯しないと誓っている。その気持ちが、本人が毎日作成していた日記にも表れている。依頼人が再犯に及ぶことは二度とないというべきである。

　よって、本件ではその情状に特に酌量すべきものがあるというべきであるから、再度の執行猶予付きの判決が相当である。

【弁論を前提とした弁護人請求証拠】

　　令和6年（わ）第○号　窃盗被告事件
　　被告人　乙　野　京　子

証拠調請求書

　　　　　　　　　　　　　　　　　　　　　　令和6年3月15日

　東京地方裁判所　第○刑事部　御中

　　　　　　　　　　　　　　　　弁護人弁護士　田　辺　翔　太

　　頭書被告事件に関して、下記の通り証拠調べ請求する。

　　　　　　　　　　　　　　　記

Ⅱ　弁護人請求証拠編

　　弁第1号証　　阿部慎三医師の精神鑑定書
　　立証趣旨：被告人は窃盗症に罹患しており、本件犯行にはその影響が認めら
　　　　　　　　れること等
　　作 成 日：令和6年3月3日
　　作 成 者：医師　阿部慎三

　　弁第2号証　　現場報告書
　　立証趣旨：各被害品の陳列場所において周囲を見渡した際の視認状況、店内
　　　　　　　　状況等
　　作 成 日：令和6年2月22日
　　作 成 者：弁護人弁護士　田辺翔太

　　弁第3号証　　視認状況報告書
　　立証趣旨：万引きGメンが被告人の窃取行為を目撃した地点の視認状況等
　　作 成 日：令和6年1月10日
　　作 成 者：警察官　原口翔也

　　弁第4号証　　計測結果報告書
　　立証趣旨：所持していたバッグ、ジャンパー、被害品の計測結果等
　　作 成 日：令和6年3月10日
　　作 成 者：弁護人弁護士　田辺翔太

　　弁第5号証　　経済状況に関する報告書
　　立証趣旨：夫である乙野圭太及び被告人乙野京子の経済状況等
　　作 成 日：令和6年3月10日
　　作 成 者：弁護人弁護士　田辺翔太

　　弁第6号証　　履歴事項全部証明書
　　立証趣旨：被告人乙野京子の夫である乙野圭太が、一部上場企業の株式会社
　　　　　　　　ペイジンホールディングスの取締役であること等
　　作 成 日：令和6年1月6日
　　作 成 者：東京法務局　登記官 佐々木朔太郎

154

弁第7号証　示談書
立証趣旨：被告人が、被害者である被害店舗店長との間で、被害弁償金を含む示談金として金10万円を支払うこと、及び今後同店舗に立ち入らないことを約束し、同店長から「本件について被告人を許すこととし、被告人に対する刑事処分を求めない」旨の意向を得たこと等
作　成　日：令和6年2月22日
作　成　者：弁護人弁護士田辺翔太及びスーパーマーケットコレナス店長須藤甚平

弁第8号証　振込明細書
立証趣旨：被告人が、被害者である被害店舗店長の指定口座に対し、2月22日に10万円を振り込んだこと
作　成　日：令和6年2月22日
作　成　者：JFK銀行　A支店

弁第9号証　診断書
立証趣旨：被告人が医師から「窃盗症」の診断を受けて、その治療のために通院中であること等
作　成　日：令和6年1月24日
作　成　者：本間メンタルクリニック　本間太郎医師

弁第10号証　通院証明書
立証趣旨：被告人が、窃盗症治療のために通院したこと等
作　成　日：令和6年3月1日
作　成　者：本間メンタルクリニック　本間太郎医師

弁第11号証　クリニックのウェブサイトの写し
立証趣旨：クリニックにおけるプログラムのスケジュール及びその内容等
作　成　日：令和6年2月24日（コピー日）
作　成　者：弁護人弁護士　田辺翔太
　　　　　　（原作成者　本間メンタルクリニック　本間太郎医師）

Ⅱ　弁護人請求証拠編

　　弁第12号証　弁護人作成の報告書
　　立証趣旨：被告人が本間太郎医師の指示のもと、窃盗の衝動が高まったと感
　　　　　　　じた日をカレンダーに記載していたこと及びその日にち等
　　作　成　日：令和6年3月1日
　　作　成　者：弁護人弁護士　田辺翔太

　　弁第13号証　陳述書
　　立証趣旨：被告人のことを監督する意思があること、減刑を求めていること
　　作　成　日：令和6年3月4日
　　作　成　者：被告人の実母　近藤美晴

　　弁第14号証　謝罪文
　　立証趣旨：被告人が被害店舗に対して謝罪の意思を有していること等
　　作　成　日：令和6年1月7日
　　作　成　者：被告人　乙野京子

　　弁第15号証　日記
　　立証趣旨：被告人が再犯防止のために日々内省を深めていること等
　　作　成　日：令和6年1月7日から同年3月2日まで
　　作　成　者：被告人　乙野京子

　　弁第16号証　DSM-5-TR　精神疾患の分類と診断の手引
　　立証趣旨：窃盗症の診断基準
　　作　成　日：2023年9月（発行日）

　　　　　　　　　　　　　　　　　　　　　　　　　　　　　　　　以上

156

2. 弁号証　（1）医師作成の精神鑑定書

2.　弁号証

（1）医師作成の精神鑑定書

弁1号証：阿部慎三医師の精神鑑定書

立証趣旨：被告人は窃盗症に罹患しており、本件犯行にはその影響が認めら
　　　　　れること等

作 成 日：令和6年3月3日

作 成 者：医師　阿部慎三

精神鑑定書

　第1　鑑定主文

　　1　本件犯行時、被告人は窃盗症（DSM-5-TR　F63.2）に罹患していた。

　　2　窃盗症は、本件犯行に強く影響した。

　第2　鑑定経過

　（以下、省略）

以上の通り、鑑定いたします。

令和6年3月3日　　　　　　　　　　　　　　　　　阿部慎三　㊞

【解　説】

　弁護人は、この証拠により、被告人が窃盗症の影響下で本件犯行に及んだ
疑いがあることを明らかにしようとしています。犯情のうち、意思決定に対
する非難を相対的に下げる事情だ、という位置付けの主張です。

　被告人が窃盗症に罹患していたか否か、罹患していたとしてその影響の程
度がどの程度であるかという点については、本件の大きな争点となるものと
思われますから、検察官が不同意意見を述べることはあらかじめ想定されま
す。したがって、弁護人としては不同意とされた場合の代替立証をあらかじ

157

Ⅱ　弁護人請求証拠編

め考えておかなければなりません。

　法321条4項は、鑑定の経過及び結果を記載した書面で鑑定人の作成した者については、公判期日において鑑定人が証人として尋問を受け、真正に作成されたものであることを供述したときは証拠とすることができると定めています。この規定の直接の対象は、裁判所が命じた鑑定人が作成した鑑定書ですが、鑑定書という書面の性格自体から特則を定めたものですから、鑑定書の性格を持つ書面には原則として本項の準用を認めてよいと考えられています[1]。ですので、弁護人が依頼した医師が作成した鑑定書や診断書は、同項の準用により、真正作成立証をすれば証拠とすることができます。それゆえ、本件で不同意とされた場合には、阿部慎三医師を証人尋問請求することになります（なお、このような事態が想定されますので、鑑定書や診断書を依頼する医師には出廷可能かどうかを確認してから依頼した方がよいでしょう。医師に出廷を断られてしまうと、立証する手段がなくなってしまうからです）。

　阿部医師を証人尋問することになるわけですが、実務的には、成立の真正を立証するための尋問をするのみならず、鑑定書記載の内容全体についての尋問を行うことが通例です。尋問の結果、弁護人が顕出したい事項はすべて顕出できたと考えれば精神鑑定書の証拠調請求は撤回することになります。一方で、すべて顕出できず精神鑑定書を裁判官に見せた方がよいと考える場合には、同項に基づいて採用を求めることになります。

　なお、「真正に作成されたものであることを供述した」とは、その作成名義が真正であることだけではなく、その内容が正確であることも供述したという趣旨になります。したがって、鑑定人に対する真正作成立証の尋問例は、以下のようになります。

《鑑定人尋問例》
（弁護人）今回の鑑定の依頼事項を教えてください。

1　条解刑訴法〈第5版増補版〉943頁。

（証　人）本件犯行当時の被告人の精神障害の有無、精神障害があった場合それが本件犯行に与えた影響の有無、程度、機序、その他参考事項です。

（弁護人）先生の御経歴を簡単に教えてください。

（証　人）東都大学医学部を卒業後、早稲川大学付属病院にて勤務、現在は同病院の精神科の室長の立場にあります。

（弁護人）これまでの鑑定の経験はいかがでしょうか。

（証　人）簡易鑑定が500件程度、本鑑定が100件程度です。

（弁護人）鑑定をするに当たってどのような資料を閲覧されましたか。

（証　人）刑事記録一式と、被告人の医療機関の診療記録です。

（弁護人）乙野さんとは何回面接されましたか。

（証　人）7回です。

（弁護人）1回当たりの面接時間はどのくらいですか。

（証　人）2時間程度です。

（弁護人）依頼人以外から話を聞いたことはありましたか。

（証　人）依頼人の夫と実母から電話で話を聞きました。

（弁護人）依頼人の本件犯行時における精神障害の有無について、先生のご意見を教えてください。

（証　人）犯行当時、窃盗症に罹患していたと判断しました。

（弁護人）窃盗症が本件犯行に与えた影響についての先生のご意見を教えてください。

（証　人）本件犯行に強く影響していると判断いたしました。

（弁護人）その結果を何か書面にまとめていれば教えてください。

（証　人）精神鑑定書を作成しました。

（弁護人）弁1号証を示します。これは何でしょうか。

（証　人）今申し上げた、私が作成した精神鑑定書です。

〜尋問終了後〜

Ⅱ　弁護人請求証拠編

（弁護人）裁判長、ただいまの尋問で弁1号証が真正に作成されたことが
　　　　　立証されましたので、弁1号証の証拠採用を求めます。

（裁判長）検察官、ご意見は。

（検察官）異議ありません。

（裁判長）それでは採用します。

コラム　裁判員裁判対象事件と非対象事件における鑑定書の取扱いの違い

　上記の鑑定人の尋問例は、裁判員裁判非対象事件を念頭に置いた尋
問例となっています。それは、裁判員裁判対象事件と、非対象事件で
は、実務上、鑑定書の取扱いが異なっていることが多いからです。

　裁判員裁判では、法律の知識がない一般市民が参加する裁判ですか
ら、法廷の場で見て聞いて理解できることが重視されます。そのため、
鑑定人の尋問も、当事者からそれぞれ尋問するという方式ではなく、
まず鑑定人自身にパワーポイントなどを利用してプレゼンテーション
をしていただき、鑑定の内容についてご報告いただいたうえで、足り
ない部分を各当事者が補充的に聞くという方式が採られることが多い
です。そのようにして行われる裁判員裁判では、鑑定書それ自体を採
用して、後で裁判員も含めて回し読みをすることは想定されていませ
ん。そのため、鑑定人尋問が終われば、鑑定書は証拠調請求を撤回す
るという取扱いがなされることが多いですし、法321条4項で採用を
求めたとしても、必要性なしとして却下される可能性が高いです。で
すので、裁判員裁判では、鑑定書そのものを証拠にすることはできな
いのだということを想定して準備をしておく必要があります。

　一方で、裁判員裁判非対象事件では、プレゼンテーション形式を採
ることもありますが、通常の主尋問、反対尋問のみで行われることも
まだまだ多いのが現状です。また、裁判官としても鑑定書に書いてあ
ることを読んだうえで判断したいという気持ちが働くこともあります

160

から、鑑定人の尋問後に鑑定書が採用されることもよくあります。ですので、特に裁判員裁判非対象事件では、上記のような尋問を行って真正立証をしたうえで、裁判所に対して鑑定書の採用を求めることがあります。鑑定書そのものを裁判官に読んでほしいと考える場合には、そのことを頭に入れて尋問に臨む必要があるといえます。

（2）弁護人作成の現場報告書

弁2号証：現場報告書
立証趣旨：各被害品の陳列場所において周囲を見渡した際の視認状況、店内
　　　　　状況等
作 成 日：令和6年2月22日
作 成 者：弁護人弁護士　田辺翔太

161

Ⅱ　弁護人請求証拠編

【解　説】

　弁護人は、この証拠により、被告人が、被告人の立場に立ってもどこからでも見られることを自覚できる場所で窃取行為に及んでいることから、行動制御能力が一定程度阻害されているという評価が可能なため、窃盗症の影響下にあった疑いがあることを明らかにしようとしています。

　この証拠が不同意とされた場合、弁護人としては２つの方法が考えられます。１つは、法321条３項を類推適用して真正作成立証をして書面全体を採用してもらう方法、もう１つは、この報告書の中の写真を物として請求する方法です。

　法321条３項は、捜査官作成の検証調書についての特則を定めています。その趣旨は、検証者（供述者）にその観察した対象の状況を口頭で供述させてしまうと、かえって正確性を欠くことになってしまう一方で、検証直後に作成された書面であれば正確かつ詳細であることが期待できますし、物の形状や位置関係等というそれ自体としては中立的な対象に関することであって、検証者の主観的意図によって内容が歪められるおそれも少ないというところにあります[2]。しかし、同項は「検察官、検察事務官又は司法警察職員」と規定していますから、それ以外の者が作成した書面に本項が適用できるかが問題となります。判例は、私人が燃焼実験を行ってその考察結果を報告した書面について、本項所定の書面の作成主体が限定されて規定されていること及びその趣旨に照らして本項の準用はできないとの判断を示しています[3]。ただし、捜査官以外の者であっても、その職務や業務などから類型的にその観察ないし書面の記載に客観性及び正確性の期待できる者の作成した同様の性格の書面にも本項を類推適用することは許されるものと考えられています[4]（なお、同判例は、同項の準用はできないが、同条４項の書面に準ずるものとして同項により証拠能力を有すると判示しています）。したがって、作成者である弁護人自身を証人尋問請求し、真正作成供述を行うということ

2　条解刑訴法〈第５版増補版〉940頁。
3　最決平成20年８月27日刑集62巻７号2702頁〔28145404〕。
4　条解刑訴法〈第５版増補版〉941頁。

162

が考えられます。

　２つ目の方法としては、写真の存在だけで弁護人の目的を達成できるという場合には、報告書全体の証拠調請求は撤回し、報告書の中の写真だけを物として証拠調請求をするという方法も考えられます。

　なお、関連性を争われた場合には、撮影した写真が現場において撮影された写真であることも立証する必要が生じますので、作成者である弁護人を証人として請求することになります。弁護人が１人しかいない場合には、このような場合に備えて、例えば事務員を同行し、事務員に現場報告書を作成してもらい、事務員を証人として請求するという方法もあります。

　弁護人が作成者で、かつ、弁護人が１人である場合、真正立証をするのに誰が尋問をするのかという問題が生じます。私選である場合には、もう１人選任すれば足りるのでそこまで問題にはなりません。国選の場合は、裁判官が尋問するのも適切だとは思われませんので、国選弁護人をもう１人選任するよう求めることが考えられます。

（３）警察官作成の犯行現場の視認状況報告書

弁３号証：視認状況報告書
立証趣旨：万引きＧメンが被告人の窃取行為を目撃した地点の視認状況等
作　成　日：令和６年１月10日
作　成　者：警察官　原口翔也

【解　説】

　弁護人は、この証拠により、万引きＧメンに窃取行為を目撃された地点についても、万引きＧメンから被告人まで何ら遮るものがないような場所で窃取行為を行っていることから、窃盗症の影響下にあった疑いがあることを明らかにしようとしています。

　この証拠が不同意とされた場合、弁護人としては２つの方法が考えられます。１つは、法321条３項により真正作成立証をして書面全体を採用しても

Ⅱ　弁護人請求証拠編

らう方法、もう1つは、この報告書の中の写真を物として請求する方法です。前者の場合には、この視認状況報告書を作成した警察官の証人尋問を行い、真正作成供述をしてもらう必要があります。

　なお、この書面は警察官が作成したものですから、検察官としても真正に立証されたものであることは争わない可能性もあります。東京高判平成18年6月13日高裁刑集59巻2号1頁〔28135111〕は、「刑訴法321条3項及び4項は、検証調書又は鑑定書という書面の性質に照らして、作成の真正が立証されれば、伝聞法則の例外として、その書面の証拠能力が認められる旨規定している。作成の真正の立証は、本来は、同条項が規定しているとおり、作成者が公判期日において真正に作成したものであること、すなわち作成者が自ら作成したことと検証又は鑑定の結果を正しく記載したことを証言することによって行われるものであるが、その趣旨は、その点についての反対尋問の機会を付与するためのものであるから、書面の体裁等から作成名義人がその書面を作成したと認めることを疑わせる事情がなく、しかも、相手方当事者が作成の真正を争わず、その点に関する作成者への反対尋問権を行使しない旨の意思を明示したような場合には、作成の真正が立証されたものとして扱うことが許されるものと解するのが相当である。そのように解しても、相手方当事者の権利保護に欠けるところはないし、そのような場合にまで作成者の証人尋問を行って真正に作成されたものであることを証言させることは、作成者のみでなく訴訟関係人にも無用の負担を強いる結果となるからである。なお、このような場合の反対尋問権の範囲については、作成者が自ら作成したことと、検証又は鑑定の結果を正しく記載したことのみでなく、観察や判断の正確性をも含むものと解されているから、反対尋問権の放棄が行われる場合は、原則としてその点の反対尋問権についても放棄されたものと解されることになるところ、本件もそれに該当する。」と判示し、作成の真正に争いがない場合には尋問をすることなく証拠として採用できるとの見解を示しています。ですので、公判において、真正性を争うのかという点について求釈明をし、争わない旨の釈明があった場合には、法321条3項書面該当性には争いがないものとして、裁判官に採用を促すという方法もあります（前掲

164

2. 弁号証 （3）警察官作成の犯行現場の視認状況報告書

平成18年東京高判〔28135111〕記載のとおり、このことは同条４項書面の場合でも全く同様に当てはまります）。

《求釈明に関するやりとり》

（弁護人）裁判長、検察官から弁３号証について不同意の意見をいただいておりますが、作成の真正を争われるのかという点について、検察官に求釈明をお願いします。

（裁判長）検察官は、今の弁護人ご指摘の点はいかがお考えですか。

（検察官）作成の真正については争いません。

（弁護人）裁判長、検察官が作成の真正を争わないということですので、刑事訴訟法321条３項の要件を満たしますから、採用をお願いします。

（裁判長）それでは、採用します。

> コラム **公訴事実に争いのない事件における証拠開示の重要性**
>
> 　お読みになっている方がお気づきのとおり、弁３号証は、警察官が作成した捜査報告書です。これを弁護人が、「誰からでも見られる場所で犯行を行っているという事実が、（責任能力を左右しないとしても）行動制御能力に障害があったことを示すのだ」という弁論を行うために弁号証として請求しているということになります。
>
> 　裁判員裁判対象事件では、公判前整理手続に必ず付されますから、類型証拠開示請求などの法定の証拠開示請求が可能となります。しかし、裁判員裁判非対象事件では、公判前整理手続に付されない限り、法定の証拠開示制度がないということになります。そうすると、検察官からは請求証拠しか開示されないようにも思えます。
>
> 　しかしながら、現在の運用では、公判前整理手続に付されていなくても、法316条の15第１項に定められている類型証拠については、検

165

Ⅱ　弁護人請求証拠編

察官も任意開示に応じてくれています。今回の事件のように、量刑を
シビアに争う事件でなかったとしても、検察官は任意開示に応じてく
れます。ですので、一回結審が予定されていて、かつ執行猶予という
結論が見えている事件だとしても、遠慮することなく任意開示請求を
することをお勧めします。

　特に、以前にも刑事裁判を受けたことがある依頼人を担当する場合
には、前回の記録の開示を受けることが有用です。被告人質問におい
て、検察官が「あなた前回の裁判でも同じこと言っていましたよね」
等という質問をすることがあります。それは検察官が、前回の事件の
記録を見ているからできる質問です。ですので、以前にも刑事裁判を
受けたことがある依頼人を担当する場合には、検察官から以前の刑事
裁判の記録の任意開示を受けて、前回どのような情状立証をおこなっ
たのか、それがなぜ奏功しなかったのか、今回はどう変える必要があ
るのかという点を含めてケースセオリーを構築した方が良いといえま
す。

（4）弁護人作成の計測結果報告書

弁4号証：計測結果報告書
立証趣旨：所持していたバッグ、ジャンパー、被害品の計測結果等
作 成 日：令和6年3月10日
作 成 者：弁護人弁護士　田辺翔太

【解　説】

　弁護人は、この証拠により、被告人が所持していたバッグやジャンパーが
パンパンに膨れ上がるほどの異常な窃取行為に及んでいることから、窃盗症
の影響下にあった疑いがあることを明らかにしようとしています。

　この証拠が不同意とされた場合、弁護人としては3つの方法が考えられま

166

す。1つは、法321条3項を類推適用して真正作成立証をして書面全体を採用してもらう方法、もう1つは、この報告書の中の写真を物として請求する方法、最後の1つは、所持していたバッグやジャンパー、被害品と同種のものについての検証請求を行うことです。最初の2つの方法については弁3号証と同様ですので、ここでは検証請求について解説します。

　法128条は、裁判所は、事実発見のため必要があるときは、検証することができると規定しています。検証とは、物（場所及び人の身体を含む）等の存在及び状態を五官の作用により認識、保全する処分のことをいいます[5]。なお、刑事訴訟法は検証について第一回公判期日前後で取扱いを区別しており、第一回公判期日前は裁判官に対して証拠保全として検証を請求することになりますが（法179条1項）、第一回公判期日後は裁判所に対して証拠調請求として検証請求をすることになります（法298条1項）。この検証の結果については、検証調書が作成されることになります（規則41条、42条、105条）。

令和6年（わ）第○号
窃盗　被告事件
被告人　　乙野京子

証拠調請求書②

令和6年3月10日

東京地方裁判所　第○刑事部　御中

弁　護　人　　　田辺翔太

　上記被告人に対する標記被告事件について、下記のとおり証拠の取調べを請求する。

5　条解刑訴法〈第5版増補版〉263頁。

Ⅱ　弁護人請求証拠編

記

1　検　　証
　　検証事項　所持していたバッグ、ジャンパー、被害品の長さの計測
　　立証趣旨　バッグ、ジャンパー、被害品の大きさ
　　必要性等　弁護人は、あらかじめ被告人が所持していたバッグ、ジャン
　　　　　　　パー、被害品を正確に測定しその結果を報告書にまとめて弁4
　　　　　　　号証として証拠調べ請求をしたところ、検察官はこれを不同意
　　　　　　　とした。これらのバッグやジャンパー、被害品の大きさについ
　　　　　　　ては、本件窃取態様の異常さを明らかにするうえで重要な事実
　　　　　　　であると考えている。そこで、裁判所において、これらの大き
　　　　　　　さを正確に計測するために検証を実施することが必要である。

コラム　検証請求の実践例

　本書執筆者らが担当した事件で、実際に検証請求を行い、採用された例がありますので、参考までにご紹介いたします。

　その事件は電車内の痴漢の事件でした。依頼人は痴漢行為を否認しています。依頼人と被害者は、満員電車の中で向かい合って立っている状態にありました。その中で、被害者は、スカートの裾からスカートの中に手を入れられ、さらにパンツの中に手を入れられて、陰部を直接触られた、依頼人が肩を下に下げる様子はなかった、スカートの裾が捲り上げられる様子もなかった、横から手を入れられたようだったと供述していました。我々のケースセオリーは、被害者が痴漢にあったことは争わないが、それは横にいた別人だというものでした。

　そのケースセオリーを支える事実として、依頼人と被害者の身長差がありました。依頼人は身長が高く、被害者は身長が低かったため、単に依頼人が手をまっすぐ下ろしただけでは被害者の陰部には届かないだろうと考えました。まして、スカートの裾を捲らずに手を入れる

168

ことは不可能だと思われました。

　ところが、捜査機関が作成した被害者の陰部の高さに関する実況見分調書では、陰部と思われる位置が不自然に高く設定されているうえ、高さを図るためのメジャーが不自然に斜めになっており、とても正確に高さが計測されているようには見えませんでした。

　検察官はこの実況見分調書を証拠調請求してきましたが、不同意とし、裁判所に対して検証請求をしました。検証の内容としては、被害者の身長と地面から陰部までの高さ、及び依頼人の身長と地面からまっすぐ腕を下ろした際の指先までの高さでした。裁判所はいずれもこれを採用し、検証が実施されました。その検証は、依頼人については、公開の法廷で行われ、被害者は秘匿されていたので、別室で測定し、その測定の都度書記官が写真を撮影して測定方法に疑義がないか我々に確認するという方法が採られました。

　その結果、依頼人が真っ直ぐ腕を下ろした際の手の位置よりも被害者の陰部の高さが低いことがわかりました。すなわち、依頼人が犯人であれば、肩を動かさずに触ることが不可能だということがわかったのです。そこで測定した高さをもとに、被告人質問ではその高さを記載したボードを用いて、実際に依頼人が犯人であればどういう動きが必要になるかを実演していただきました。これをしたことで、相当無理な動きをしない限り依頼人の手が被害者の陰部に届かないことが、視覚的にはっきりとしました。これが無罪判決の１つの理由となりました。検証は、あまり馴染みのない手続かもしれませんが、我々の武器にもなり得る手続です。

（5）弁護人作成の被告人の経済状況に関連する報告書

弁５号証：経済状況に関する報告書（通帳の写し、源泉徴収票添付）
立証趣旨：夫である乙野圭太及び被告人乙野京子の経済状況

Ⅱ　弁護人請求証拠編

作成日：令和6年3月10日

作成者：弁護人弁護士　田辺翔太

令和6年（わ）第○号　窃盗被告事件
被告人　乙野京子

経済状況に関する報告書

令和6年3月10日

東京地方裁判所第○刑事部　御中

弁護人　田辺翔太㊞

　被告人の夫及び被告人の経済状況について、下記のとおり報告する。

第1　乙野圭太（被告人の夫）
　　1　令和5年度の所得金額　　　　　　　　　8473万2985円
　　2　令和5年12月31日時点の財産・債務の金額
　　　⑴　財産価格の合計額　　　　　　　　　　2億5800万円
　　　⑵　債務の金額　　　　　　　　　　　　　　　　　なし

第2　被告人の保有資産
　　1　預貯金　　　　　　　　　　　　　　　　789万2143円
　　2　有価証券　　　　　　　　　　　　1億2651万9238円
　　3　合計　　　　　　　　　　　　　　1億3441万1381円
　　　　　　　　　　　　　　　　　　　　　　　　　以　上

添付資料
　1　乙野圭太の令和5年度確定申告書（写し）
　2　乙野圭太の令和5年12月31日分財産債務調書合計表（写し）
　3　被告人所有銀行口座のお取引明細一覧表（写し）
　4　被告人所有の証券会社作成の保有資産レポート（写し）

2. 弁号証 （6）被告人家族が取締役を務める会社の履歴事項全部証明書

【解　説】

　弁護人は、この証拠により、経済的に裕福で万引きをする合理的な理由がないことから、窃盗症の影響下にあった疑いがあることを明らかにしようとしています。

　この証拠が不同意とされた場合、弁護人としては２つの方法が考えられます。１つは、法321条３項を類推適用して真正作成立証をして書面全体を採用してもらう方法、もう１つは、この報告書の中の取引明細一覧や確定申告書を法323条２号書面として請求するという方法です。報告書自体が採用されなくても、少なくとも後者の方法で目的は達成できると思われます。

（6）被告人家族が取締役を務める会社の履歴事項全部証明書

弁６号証：株式会社ペイジンホールディングスの履歴事項全部証明書
立証趣旨：被告人乙野京子の夫である乙野圭太が、一部上場企業の株式会社
　　　　　ペイジンホールディングスの取締役であること等
作 成 日：令和６年１月６日
作 成 者：東京法務局登記官　佐々木朔太郎
内　　容：乙野圭太が株式会社ペイジンホールディングスの取締役であることが記載されている

171

Ⅱ　弁護人請求証拠編

履 歴 事 項 全 部 証 明 書

新宿区Ｌ町１２５番地
株式会社ペイジンホールディングス

会社法人等番号	１２３４－５６－７８９０９０	
商　　号	株式会社ペイジン研究所	
	株式会社ペイジンホールディングス	平成 30 年 7 月 18 日変更
		平成 30 年 7 月 18 日登記
本　店	新宿区Ｌ町１２５番地	
公告をする方法	官報に掲載してする	
会社成立の年月日	平成元年 7 月 18 日	
目　　的	1.　広告代理業又は広告業	
	2.　広告、宣伝に関する企画並びに制作・販売	
	3.　出版業、印刷業及び広告宣伝代理業	
	4.　企業広告、宣伝などのマーケティング調査及びコンサルティング業務	
	5.　写真、ビデオ等の映像の企画及び撮影並びに編集	
	6.　各種の写真撮影・製版、印刷、製本加工	
	7.　各種出版物の企画制作並びに販売	
	8.　各種イベントの企画、制作、運営、管理	
	9.　芸能プロダクション、モデルプロダクションの経営	
発行可能株式総数	3 億株	
発行済株式の総数並びに種類及び数	発行済株式の総数 8765 万 4321 株	
資本金の額	金 100 億円	
	～	
役員に関する事項	取締役　　　　上野原　仁之介	平成 30 年 7 月 18 日就任
		平成 30 年 7 月 18 日登記
	～	
	取締役　　　　乙　野　圭　太	令和 2 年 1 月 31 日就任
		令和 2 年 1 月 31 日登記
	～	

　　　　　　これは登記簿に記録されている閉鎖されていない事項の全部であることを証明
　　　　した書面である。
　　　　　　　　　　令和 6 年 1 月 6 日
　　　　　　東京法務局
　　　　　　登記官　　　　　　　　　　　　　佐々木　朔太郎

2. 弁号証 （6）被告人家族が取締役を務める会社の履歴事項全部証明書

【解　説】

　弁5号証と同様に、被告人の経済状況を立証するための証拠の1つです。この書証では、立証趣旨に記載したように、被告人の夫が会社の取締役であることを立証することになります。

　履歴事項全部証明書は、印鑑登録証明書、住民票写しなどとともに、「公務員……がその職務上証明することができる事実についてその公務員の作成した書面」（法323条1号）に当たると解釈されています。検察官が不同意見を述べたとしても、弁護人が法323条1号該当書面として請求をすれば、採用される可能性の高い書証です。そのため、検察官が伝聞例外該当性を否定して不同意にすることはそもそも考えにくいといえます。

　法323条1号の書面については、公務員が職務上客観的に記録したところに基づき証明する書面がこれに当たるとされており、表題、形式、内容など、その書面自体から客観的に伝聞例外該当性が明白な場合が多いといえます。作成した公務員の署名押印等も要件ではありません。

　このように、この書面は伝聞例外該当性について問題となることは多くありません。一方で、関連性や必要性の問題は残ります。被告人の夫とはいえ、その人の職業を立証することが弁護側立証上どのような位置付けになるのかを明確にして、関連性や必要性について説明できるようにしておくことが重要です。

　本件では、弁5号証の報告書とあわせて、被告人及びその世帯の経済状況について立証することで、本件犯行がただの利欲犯的なものとは言い切れず、窃盗症という精神疾患の影響による窃盗であることを裏付けようとしています。

　被告人及びその世帯の経済状況を把握するうえで、世帯主である夫の職業（ないしそこから推認される収入状況）は重要な事項です。特に、夫の職業が「一部上場企業の取締役」であるという本件では、その事実を立証することにより、相応の収入が世帯にあることが相当程度推認されます。そのため、窃盗症の影響があったことを犯情として主張することで、この書証にも関連性が認められるということを強く主張できます。

173

Ⅱ　弁護人請求証拠編

　また、夫が情状証人として出頭して自身の職業について証言するとしても、その職業を客観的に証明できる本書面の必要性は否定し難いでしょう。

（7）示談書

弁7号証：示談書

立証趣旨：被告人が、被害者である被害店舗店長との間で、被害弁償金を含む示談金として金10万円を支払うこと、及び今後同店舗に立ち入らないことを約束し、同店長から「本件について被告人を許すこととし、被告人に対する刑事処分を求めない」旨の意向を得たこと等

作 成 日：令和6年2月22日

作 成 者：弁護人弁護士　田辺翔太、スーパーマーケットコレナス店長　須藤甚平

示　談　書

　須藤甚平（以下「甲」という。）と乙野京子（以下「乙」という。）とは、下記事項（以下「本件」という。）につき、以下のとおり示談する。

記

　　　日時　令和6年1月5日午前11時11分頃

　　　場所　東京都品川区J町二丁目24番1号「スーパーマーケットコレナス」（以下「本件店舗」という。）

　　　概要　乙が、甲の管理する幕の内弁当等14点（販売価格合計8366円）を窃取した件

1　乙は、本件により、甲及び本件店舗に対して多大な迷惑をおかけしたことを心から反省し、深く謝罪する。

2　乙は、甲に対し、本件の示談金（被害弁償金を含む）として金10万円の支払義務があることを認める。

3　乙は、甲に対し、前項の金員を本書締結後1週間以内に、下記口座宛に振り込む方法により支払う。振込手数料は乙の負担とする。

2. 弁号証 （7）示談書

記

金融機関・支店　ほずみ銀行　Ａ支店

口座種別・番号　普通　１２３４５６７

口座名義　　　　スドウジンペイ

4　乙は、本示談書締結以降、本件店舗に立ち入らないことを誓約する。

5　甲は、乙からの謝罪及び誓約を受け、本件について乙を許すこととし、乙に対する刑事処分を求めないものとする。

6　甲及び乙は、本件に関し、本示談書に定めるもののほか、甲と乙との間に何らの債権債務関係が存しないことを相互に確認する。

　以上のとおり示談が成立したので、本書面２通を作成し、甲及び乙代理人がそれぞれ署名捺印の上、甲乙が各自１通を保有する。

　令和６年２月２２日

（甲）

住所：＊＊＊＊

氏名：須　藤　甚　平　　㊞

（乙代理人）

住所：＊＊＊＊

氏名：弁護士　田　辺　翔　太　　㊞

175

Ⅱ　弁護人請求証拠編

【解　説】

　示談交渉は、被害者のいる犯罪において重要な弁護活動の１つです。公訴事実を争う事件においても、事件内容や主張内容によっては示談が重要になるケースはあります。

　その示談交渉の結果、被害者等との間で何かしらの合意に達した場合、その合意内容を証する書面を作成します。書面の表題は、「示談書」「合意書」などとされることが多いですが、その表題によって法的な性質が定まるものではありません。なお、「示談」という言葉は、紛争当事者間の話合いによって、民事的責任について解決済みとする合意ができたことを指すとされているため、清算条項（民事的にも解決済みであることを示す条項）を含む合意ができた場合には、「示談書」という表題にすることが多いかもしれません。ただ、刑事事件において重要なのはその内容ですので、「示談書」「合意書」といった表題のみで量刑が左右されることはありません。

　示談書は、立証趣旨の記載からも明らかなように、被害者との間での合意の内容自体を立証するために提出する書面です。検察官もその前提で証拠意見を検討します。そのため、示談書の証拠調請求（検察官への開示）をした場合には、検察官は、示談内容についての被害者の意向を確認します。その結果、示談書に記載された合意の内容と被害者の意向に齟齬がないという確認がとれれば、同意されることも多くあります。

　他方で、検察官が被害者に示談の経緯や内容について改めて確認をした結果、「許すという気持ちでは全くなかったが、そうしなければ示談にならないなどと言われたので、やむを得ずサインをした」などという被害者の意見を聴取した電話聴取報告書を作成し、「これに同意するのであれば示談書に同意する」などと交渉を持ちかけてくるケースもあり得ます。

　万が一、検察官にそのまま示談書を不同意にされた場合、示談書は全体としてみれば「被告人以外の者が作成した供述書」として、法321条１項３号の要件を満たさない限り伝聞例外には当たらない可能性が出てきます（被告人が「乙」として自ら署名押印している場合でも、「甲」として署名押印している被害者の供述も含まれていると解されるため、「被告人以外の者が作

176

成した供述書」であることには変わりません)。その場合、伝聞例外で書証として採用を求めるのは難しいということになってしまいます。

その場合、まずは被害者との間で改めて話をして、なぜそのような電話聴取報告書が作成されているのかを確認することが必要です。示談書を作成したときにはどのような認識だったのか、その後に検察官とどのような話をして、どのような気持ちで意向を伝えたのかを丁寧に確認します。そのうえで、被害者が弁護人の説明を誤解し、その誤解によって検察官に示談書とは異なる意向を伝えていたのであれば、その誤解を解く努力をすることが先決です。

それでも被害者の意向が変わらなかった場合、次に検討することになるのは被害者本人の証人尋問請求です。被害者に証人として出廷してもらい、そこで示談金の受取りの事実や、それによる被害感情の変化について証言してもらうことになります。

検察官が示談書を不同意にしているケースでは、被害者の現在の認識や意向が、弁護人が法廷で明らかにしたい示談書の内容や示談経過とは異なっていることもあります。そのような場合には、被害者との間で敵対的な尋問になる可能性も高く、強い処罰感情などを法廷で述べられるリスクもあります。

しかしながら、実際には必ずしもそのようなケースばかりではありません。被害者の意向が示談書の内容と大きく乖離していないにもかかわらず、検察官が深く検討せずに電話聴取報告書を証拠請求していることもあります。これでは、大きな乖離もないのに被害者が証人としてわざわざ出廷しなければならないことになります。そのような場合には、弁護人から裁判官に対して、被害者の現在の意向が示談書による立証内容と大きな乖離がないこと、電話聴取報告書が請求される以上は証人尋問をせざるを得ないが、弁護人としてはそれが望ましいとは思っていないことを伝えて交渉することが有用です。そのような交渉をすることにより、裁判官が検察官に対して示談書への同意を促してくれるケースもあるでしょう。

どうしても検察官に示談書に同意してもらえず、かつ、被害者の証人尋問請求も避けたいという場合には、示談書を条項ごとに分けて検討し、検察官不同意部分をマスキングして抄本化したうえで伝聞例外での提出を検討する

Ⅱ　弁護人請求証拠編

こともあり得ます。

　一般的に、示談書によって弁護側が主に立証したい事実は、①被害弁償を含む債務の存在を確認して支払を約束した事実（添付示談書の２項及び３項）、②（仮に示談金を席上で交付して示談書を作成した場合には）示談金の交付の事実、そして、③本件に関する被害者の現在の処罰感情（添付示談書の５項）の３点であることが多いでしょう。

　このうち①については、債務確認条項で立証されます（添付示談書の場合には、振り込まれた事実まで立証するには振込証等の提出も必要です）。この条項については、一種の契約文言として処分証書とみることもできます。その場合、そのような法律行為（示談金の支払合意）があったことを示すという目的の下では供述証拠ではないということになります。したがって、この部分のみを抄本化して採用を求める場合には、理論上は非伝聞として請求できる可能性があるということもいえます。

　しかし、これでは法律行為（示談金の支払合意）が存在した事実のみを推認させるにとどまり、どのような示談が成立したか、真摯な示談がなされたか、実際に示談金の支払がなされたか等を立証することはできないことになります。そのため、重要な情状事実として示談の成立を立証しようとする場合には、その証拠価値は限定的になってしまうといわざるを得ません。このように考えると、結局、示談の内容を法廷で立証し、それを重要な情状事実であると主張するためには、①部分も伝聞証拠となることを前提として考えなければならないでしょう。

　②については、席上での示談金の支払がなされたという過去の事実を証明する、いわゆる報告証書としての性質を持つと考えられます。そのため、理屈上はその事実の存否、つまり書いてある事実の存在を立証するために用いるものとされる可能性が高く、こちらも伝聞証拠となることを前提に考えなければならないでしょう。

　なお、「席上で現金の交付を受けた」という条項の趣旨からすれば、領収証に近いものとして、法323条３号の伝聞例外該当性を検討する余地もあるようにも思えます。しかし、法323条は業務の過程において反復継続的に作

178

成される書面について、類型的に高度の信用性の情況的保障が認められることから伝聞例外要件を緩和するものです。この趣旨からすると、弁護士と被害者が個人として作成した示談書の条項が法323条3号の書面に当たるという解釈も難しそうです。

そのため、示談金の席上交付の事実が記載された条項についても、やはり伝聞証拠となることを前提にその後の対応を検討するべきということになります。

また、③については、宥恕条項（添付示談書の5項）で立証されます。この条項については、被害者の現在の心理状態を記載しているものといえる可能性があります。現在の心理状態の供述については、知覚と記憶の過程に誤りが生じにくいこと等を理由として、非伝聞になると考える見解が通説的です。このように、現在の心理状態の供述を非伝聞だと考える立場によれば、この条項部分を抄本化することで、非伝聞として請求できる可能性があるということになります。

しかし、そのような考え方に基づいても、その心理状態の供述が真摯になされたことを確認できなければ弁護人の要証事実との関係で意味がなくなってしまいます。そのため、現在の心理状態の供述の真摯性や誠実性について、関連性の問題として検討が必要だと指摘されています[6]。

このように考えると、現在の心理状態の供述を非伝聞として扱うことができると考える立場に立つとしても、検察官がその心理状態の供述の真摯性、誠実性を争っている場合には、弁護人としてもその点に配慮せずに非伝聞での採用を求めるだけでは足りず、供述者である被害者の尋問などによる手当てが必要になることを前提として考えておくべきでしょう[7]。

示談書は、弁護側立証においては極めて重要な書証です。しかしながら、検察官に不同意にされた場合には、伝聞法則の解釈により法廷での取調べを目指すことには相応のハードルがあるのも事実です。そもそもの示談交渉に

6　酒巻匡『刑事訴訟法〈第2版〉』有斐閣（2020年）548頁。
7　後藤昭「厳格な証明と自由な証明」後藤昭＝高野隆＝岡慎一編著『実務体系　現代の刑事弁護　第2巻　刑事弁護の現代的課題』第一法規（2013年）262頁。

Ⅱ　弁護人請求証拠編

おいて、被害者本人への正確かつ丁寧な説明をし、示談書の内容について明確に了解を得たことを記録として残しておくなど、後から被害者本人に翻意され、その意向を受けた検察官に示談書を不同意にされることのないように留意することが重要です。

コラム　示談交渉の進め方

　「示談書」を作成できてもそれでゴールではありません。その示談書を、あるいは示談経過報告書を、法廷で取り調べられるところまで持っていかなければ意味がありません。

　示談交渉の際、被害者に対して、誤魔化しや必要な情報の不開示、ましてや嘘を告げることは禁物です。その場では被害者との間で示談が成立したとしても、その後の検察官からの確認で内容が覆されてしまうリスクがあります。

　示談交渉の際は、本人の認否の状況、示談の成否による処分内容の見通し、示談の成否による被害者の裁判への関与がどうなるかの見通し（「示談ができなければ必ず法廷に出なければならない」という誤解をしている被害者も少なくありません）など、被害者の知りたいと思っている情報を誠実に伝えなければなりません。また、示談成立後に検察官から示談の経緯について問い合わせがあるかもしれないことや、示談の経緯を検察官に正確に伝えるためにどのような説明をするべきかをあらかじめ被害者に伝えておくことも有用です。

　何とかして示談を成立させたいというのは、弁護人としては譲れない部分です。しかし、あくまで誠実に、被害者に正確に状況を理解してもらったうえで示談を成立させることを目指しましょう。

2. 弁号証 （7）示談書

> **コラム** **厳格な証明と自由な証明**

　「立証に必要だと思う証拠を万全に準備し、検察官に開示したところ、検察官から不同意の意見が返ってきてしまいました。どうしたらよいでしょうか」

　こういった相談が多くみられます。特に、示談書について不同意にされてしまって困っているとか、電話聴取書を同意すれば示談書にも同意すると言われているといった相談が多い印象です。もちろん、本書で解説をしているとおり、伝聞証拠に関する理解を深めることはこの課題に直面をした際には有益です。上記のとおりの対応をまずトライしてみましょう。ただ、それでもうまくいかなかった場合、示談書の立証は自由な証明で足りる、検察官の不同意意見にかかわらず裁判所は採用するべきだという意見をすることもあり得ます。

　法317条は「事実の認定は、証拠による。」と規定していますが、その「事実」の証明方法については、「厳格な証明」と「自由な証明」の２つに分けられるという考えが通説です。「厳格な証明」とは、証拠能力があり、かつ適式の証拠調べを経た証拠による証明のことをいい、「自由な証明」とは、証拠によるが証拠能力及び適式な証拠調べの２つの要件を必要としない証明のことをいいます[8]。つまり、厳格な証明が要求される証拠は伝聞法則（法320条１項）の拘束を受けることになりますが、自由な証明で足りる証拠であれば伝聞法則の拘束を受けないということになります。したがって、自由な証明で足りる証拠であれば、仮に検察官から不同意という証拠意見が返ってきたとしても、裁判所に対して「自由な証明で足りるので、採用を求める」と意見をすることが可能です。

　裁判官の中でも、「量刑事情についても基本的には厳格な証明によ

8　条解刑訴法〈第５版増補版〉883頁。

II 弁護人請求証拠編

りつつ、必要があれば裁量によって規制を緩める」という考え方や、「量
刑事情については、基本的には自由な証明によりつつ、適正手続の実
現のためにできるだけ厳格な証明による」という考え方に基づいて、
検察官が不同意意見を述べたとしても示談書を証拠採用する裁量があ
るという考え方があるようです[9]。

　ですので、諦めず、裁判所に対して「自由な証明で足りるので、採
用を求める」と意見をしてみましょう。

（8）振込明細書

弁8号証：振込明細書

立証趣旨：被告人が、被害者である被害店舗店長の指定口座に対し、2月22
　　　　　日に10万円を振り込んだこと

作 成 日：令和6年2月22日

作 成 者：JFK銀行　A支店

内　　容：JFK銀行の被告人名義口座から、ほずみ銀行の被害者名義口座に、
　　　　　2月22日に10万円が振り込まれたことが記載されている。

9　前掲注7・後藤256頁。

2. 弁号証 （8）振込明細書

```
┌─────────────────────────────────────┐
│         ご 利 用 明 細 書            │
├──────────┬──────────┬───────────────┤
│  お取扱日  │   店番   │   お取引内容   │
├──────────┼──────────┼───────────────┤
│ 06─02─22 │   123   │   カード送金   │
├──────────┴────┬─────┴───────────────┤
│     記  号    │      番  号         │
├───────────────┼─────────────────────┤
│   ＊＊＊＊＊    │      ＊＊＊＊       │
├───────────────┼─────────────────────┤
│    取扱番号    │     お取引金額      │
├───────────────┼─────────────────────┤
│     N000      │       ＊100,000     │
├───────────────┼─────────┬───────────┤
│               │   残     高         │
├───────────────┼─────────┴───────────┤
│               │      ＊＊＊＊＊      │
└───────────────┴─────────────────────┘
```

ほずみ銀行
A支店
普通　１２３４５６７
スドウジンペイ　　様

JFK 銀行

【解　説】

　示談書において合意した示談金の支払を実際に実行したことを立証するために請求する書証です。本件の弁７号証のような内容の示談書の場合、それだけでは示談金を支払った事実まで立証することができないため、このような書証を提出することが必要になります。

　銀行ATM等で発行される振込明細書（利用明細書などの表題の場合もあります）は、一般的には銀行業務の過程で機械的に発行されるものであり、店舗で発行されるレシートなどと同様に、「特に信用すべき情況の下に作成された書面」（法323条３号）に当たると解釈されています。検察官が不同意意見を述べたとしても、弁護人が法323条３号該当書面として請求をすれば、

183

Ⅱ　弁護人請求証拠編

採用される可能性の高い書証です。そのため、検察官が伝聞例外該当性を否定して不同意にすることはそもそも考えにくいといえます。

　本件のように、示談書と振込明細書は、示談ができたことの立証と、実際に示談金を振り込んだことの立証のために、両方ともに証拠請求することが実務上もよくあります。示談書のみで足りるケースは、示談書作成の現場において、被害者に対して現金で示談金を交付し、その旨を示談書に記載できたケースです（記載例：「乙は、甲に対し、本件の示談金（被害弁償金を含む）として金10万円の支払義務があることを認め、本日、同金額を現金で交付し、甲は、これを受領した。」）。この場合には、示談書のみで示談金支払の事実まで立証できるため、振込証などは不要です。

　また、示談書と振込明細書については、それぞれ書証として請求する方法の他に、「示談経過報告書」という書面を弁護人名義で作成し、その添付資料としていずれも添付するという方法もあります。裁判員裁判など、原則どおり証拠の全文朗読が必要になる場合には、示談経過報告書を作成し、1つの証拠で示談の経緯を説明するとともに、添付資料としての示談書・振込明細書を見せることで、よりわかりやすい証拠調べが実現できます。

コラム　示談経過報告書

　示談をした事実や示談交渉の経過を法廷に出したいときに、示談経過報告書という書面を弁護人が作成することがあります。本文にもあるように、証拠書類の全文朗読をする場合には、示談経過を口語でまとめた報告書の方が、わかりやすい証拠調べになります。

　また、示談ができなかったケースでも、弁護側が被害者への謝罪の意向を持っていることや、被害弁償の提案をしたこと、被害弁償金を実際に準備していたこと、示談成立に至らなかった経緯などを主張立証することがあります。その場合にも、示談経過報告書の作成が有効です。

2. 弁号証 （9）診断書

示談交渉の日時や場所、提案内容、交渉経過、示談金の確保状況な
どを報告書に記載して、必要に応じて資料も添付します。
　この示談経過報告書が不同意になった場合には、作成者である弁護
人自身が証人として出廷し、示談の経過について法廷で証言すること
もあります。

（9）診断書

弁9号証：クリニック作成の診断書

立証趣旨：被告人が医師から「窃盗症」の診断を受けて、その治療のために
　　　　　通院中であること等

作 成 日：令和6年1月24日

作 成 者：本間メンタルクリニック　本間太郎医師

内　　容：本間太郎医師作成の診断書。病名、診察期間、治療方針の骨子、
　　　　　上記診断のために通院中であること、などの記載がある。

185

Ⅱ　弁護人請求証拠編

診　断　書

住　　所　　東京都品川区 J 町一丁目 2 番 3 号
氏　　名　　乙野京子　　様
生年月日　　昭和 44 年 1 月 15 日生

傷病名　　　窃盗症（DSM-5-TR　F63.2）

　上記状態により、当科受診された。
　以下余白

　　　　　　　　　　上記の通り、診断いたします。

　　　　　　　　令和　6 年　1 月　24 日
　　　　　　　　所在地　　東京都品川区M町
　　　　　　　　名　称　　本間メンタルクリニック
　　　　　　　　医　師　　本間　太郎

　　　　　　　医師署名　　本 間 太 郎　㊞

【解　説】

　被告人が窃盗症であると診断されたため、その治療のためにメンタルクリニックに通っているということを主張するための書証です。

　弁 1 号証の鑑定書は、被告人の窃盗行為が窃盗症の症状の影響下にあったことを立証し、犯情に関する主張をするための証拠でした。それとは異なり、この診断書は、被告人がメンタルクリニックに通院している理由が医師から窃盗症の診断を受けたことによるものであり、その治療を行って再犯防止を

186

2. 弁号証 （9）診断書

図っているということを立証し、一般情状に関する主張をするための証拠です。

　その場合の立証趣旨は、窃盗症の診断を受けて、その治療のために通院中であること、などとします。

　判例上、医師の作成した診断書には、法321条4項が準用されると解釈されています（最判昭和32年7月25日刑集11巻7号2025頁〔24003000〕）。そのため、この診断書に対して検察官が不同意意見を述べた場合、作成した医師の証人尋問を請求し、この診断書が「真正に作成されたものであることを供述」（法321条3項）してもらう必要があります。

　診断書の作成の真正については、その書面を作成した名義人と、実際に診断をした人が異なっている場合に問題となり得ます。例えば、実際にはアルバイトの医師が診断をしたにもかかわらず、医院長の名義で診断書を作成したというような場合です。その場合には、作成名義人である医院長が「作成の真正」を証言したとしても、作成の真正は認めがたいでしょう。弁護側で診断書を取得して公判で書証として提出しようとする場合には、この点にも注意が必要です。

《診断書の作成の真正を供述させるための尋問》

（弁護人）あなたの仕事は何ですか。

（証　人）本間メンタルクリニックで医師として勤務しています。

（弁護人）乙野京子さんとの関係について教えてください

（証　人）主治医として関わっています。

（弁護人）初診はいつですか

（証　人）令和6年の1月24日です。

（弁護人）どのような内容の診察をしましたか。

（証　人）私が、現在の精神状態や摂食障害の有無を確認するためのインタビューを実施し、それとあわせて過去の病歴や生活歴のヒアリングなどを行いました。

（弁護人）医師としてどのような診断をしましたか。

187

Ⅱ　弁護人請求証拠編

（証　　人）窃盗症と診断してよいと判断しました。

（弁護人）その診断をした根拠について教えてください。

（証　　人）ヒアリングの内容などをもとに、DSM-5という基準に当てはめて診断をしました。

（弁護人）その診断結果をどうしましたか。

（証　　人）乙野さんからお願いされたので、その日のうちに診断書を作成しました。

（弁護人）診断書はどのようにして作成しましたか。

（証　　人）業務で使用しているPCの中に診断書作成のツールがあります。その書式に必要項目を私自身が打ち込んで、最後に印刷して作成しました。

（弁護人）署名や押印はどうされましたか。

（証　　人）病院名などはすべて印字していたので、私が自分で氏名だけ記載し、押印もしました。

（10）通院証明書

弁10号証：通院証明書（クリニックに通った日付の証明書）

立証趣旨：被告人が、窃盗症治療のために通院したこと等

作　成　日：令和6年3月1日

作　成　者：本間メンタルクリニック　本間太郎医師

2. 弁号証 （10）通院証明書

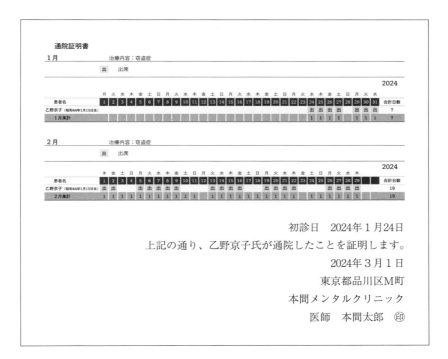

【解　説】

　弁10号証が検察官から不同意にされた場合、本間メンタルクリニックが業務上作成した書面ですから、法323条に基づき証拠調請求をすることが考えられます。では、同条の何号に基づいて請求するのが適切でしょうか。

　まず、通院証明書は、医療機関が、通常業務の中で作成するものとして同条2号に該当するとして請求することが考えられます。しかし、通院証明書は、医療機関が患者からの求めに応じて作成するものであり、通常の医療機関の業務過程で作成するものであるとまではいえず、同条2号の書面には該当しないという反論もあり得ます。

　それでは、同条3号に該当するとして証拠調請求をするのはどうでしょうか。この通院証明は、コンピュータで管理している患者の通院履歴から機械的に通院日数を出力したものです。患者の通院履歴は、患者が通院した時に

Ⅱ　弁護人請求証拠編

定型的に業務上作成されるものです。したがって、同条1号及び2号に準ずるような高度の信用性を保障する類型的な外部的情況があるといえ、少なくとも同条3号には該当するといえるでしょう。

同条各号に該当する書面であるかどうかは、通常その書面の表題、形式、内容など書面自体から明白な場合が多いので、作成の真正や個別的な信用性保障情況などの立証を原則として要しません[10]。したがって、本間医師を尋問して「間違いなく通院日数を転記した」などという証言を得る必要はありません。もっとも、もし仮に検察官から、同条3号に該当することを争うと言われ、裁判所からも同号該当性について立証がなされなければ採用できないと判断された場合には、本証拠が同号に該当することを立証する必要があります。その立証方法は、後述の尋問例の記載のとおりです。立証内容は、同号の「特に信用すべき情況の下に作成された書面」の意義に則したものである必要があります。その意義について判例は、「同号の書面は前2号の書面すなわち戸籍謄本、商業帳簿等に準ずる書面を意味するのであるから、これらの書面と同程度にその作成並びに内容の正確性について信頼できる書面をさすものであることは疑いない」[11]、「元来は伝聞証拠であり乍らその証拠能力の認められている同法第1号及び第2号……〔の〕書画に準じて、その証拠価値（すなわち書面の内容たる事実の主張に対する信憑力）を合理的に保証するに足る特別の事情の存する場合を指」[12]すとの見解を示しています。

《法323条3号に基づく証拠調請求のやりとり》

（弁護人）弁10号証、通院証明書の証拠調べを請求します。

（裁判官）検察官、ご意見は。

（検察官）不同意です。

（弁護人）刑事訴訟法323条3号に基づき弁10号証の証拠調請求をします。

　　　　　この通院証明書は、患者の通院履歴を機械的に出力したもので

10　条解刑訴法〈第5版増補版〉955～961頁参照。

11　最判昭和31年3月27日刑集10巻3号387頁〔24002537〕。

12　東京高判昭和27年7月8日高裁刑集5巻10号1561頁〔27914494〕。

あり、類型的信用保障情況があります。

（裁判官）検察官ご意見は。

（検察官）刑事訴訟法323条3号には該当しないものであると思料します。

（裁判官）それでは、刑事訴訟規則192条に基づき提示命令をかけます。弁護人、弁10号証を提示してください。

（弁護人）（弁10号証を裁判官に提示する）

（裁判官）弁10号証の形式からは、刑事訴訟法323条3号に該当する書面であるか判断できませんでしたので、その点について、弁護人の方で立証されるかご検討ください。

《類型的信用保障情況立証のための尋問》

（弁護人）あなたの仕事は何ですか。

（証　人）本間メンタルクリニックで医師として勤務しています。

（弁護人）患者が通院した記録はどのようにとっていますか。

（証　人）患者が来院した際に、患者のカルテに都度記載します。

（弁護人）カルテはどのように管理しているのですか。

（証　人）パソコンでデータ化して管理しています。

（弁護人）通院証明書はどのようにつくるのですか。

（証　人）患者のカルテのページから通院証明書を発行するボタンがあり、カルテの記録から自動的に通院日数を算出して印刷します。

（弁護人）通院証明書の体裁はどのようになっていますか。

（証　人）月ごとにカレンダーのようにすべての日付が記載されており、患者が通院した日に関しては出席の出の字が書かれています。何日その月に通院したかの合計日数も印字されています。また私の署名押印もあります。

（弁護人）弁10号証として請求している通院証明書を示します。これは何ですか。

（証　人）私が発行した通院証明書です。

（弁護人）なぜそういえますか。

II 弁護人請求証拠編

（証　人）私が作成したものと記載内容が全く同じだからです。私の署名
　　　　押印も確認できます。

（弁護人）裁判長、弁10号証は刑事訴訟法323条３号に該当しますので証拠
　　　　採用をしてください。

（裁判長）検察官ご意見は。

（検察官）異議ありません。

（裁判長）それでは、弁10号証を刑事訴訟法323条３号書面として採用しま
　　　　す。

（11）クリニックのウェブサイトの写し

弁11号証：クリニックのウェブサイトの写し

立証趣旨：クリニックにおけるプログラムのスケジュール及びその内容等

作 成 日：令和６年２月24日（コピー日）

作 成 者：弁護人弁護士　田辺翔太

　　　　（原作成者　本間メンタルクリニック　本間太郎医師）[13]

---

13 ウェブサイトの写しであるため、作成者は、あくまでもコピーした者になる。

192

2. 弁号証 （11）クリニックのウェブサイトの写し

クレプトマニアの治療

目的
- 万引きの衝動を抑える方法を学び、再発を防ぐことを目指します。

対象者
- クレプトマニアと診断された方とその家族

内容
- 認知行動療法を主軸にした各種プログラムを用意しています。
- 社会生活における適応力を高め、家族や友人との関係を改善することを目指します。
※患者さまの状態に応じて、プログラム内容は変更されることがあります。

時刻	1日目	2日目	3日目
9:00	プログラム説明	心理教育	心理教育
11:00	カウンセリング	カウンセリング	カウンセリング
12:00	昼休憩	昼休憩	昼休憩
13:00	認知行動療法	認知行動療法	認知行動療法
15:00	レクリエーション	レクリエーション	レクリエーション
16:00	集団MTG	家族MTG	集団MTG

【解　説】

　弁護人は、この書証で、被告人が通院して受けている治療内容を立証しようとしています。しかし、ウェブサイトに記載されている内容どおりの治療やプログラムが実施されていることを立証するためにこの書証を用いる場合には、伝聞証拠になります。

　不同意にされた場合、法323条３号該当書面であると主張して請求してみてもよいかもしれません。しかし、クリニックのウェブサイトで治療やプログラム内容を紹介している箇所は、通常業務の過程で作成されるものでもなく、また、日誌のように継続的に作成されるものでもありません。したがって、法323条１号及び２号に準ずるような高度の信用性を保障する類型的な外部的情況があるとまではいえないと判断されてしまうこともあり得ます。また、法321条１項３号の要件を満たすともいえません。したがって、伝聞例外で証拠調請求することは難しいと思われます。

　代替立証として証人尋問する場合には、メンタルクリニックの治療やプロ

Ⅱ　弁護人請求証拠編

グラムの内容を語れる人物を証人尋問することになります。ウェブサイトにどのような記載があるかということを立証することに意味があるわけではなく、どのような治療やプログラムが行われているかということを立証することに意味がありますので、ウェブサイトを現に作成した人を証人尋問請求しなければならないわけではありません。クリニックにおいて実施されているプログラムや治療の内容を法廷に顕出することに意味があるので、そのことについて語れる人を証人尋問請求することになります。本件では、本間太郎医師を証人尋問請求することになるでしょう。

> **コラム　作成者以外での代替立証と資料の活用**
>
> 　上の例で、医療機関の協力が得られないなど、証人尋問を実施することが困難な場合はどうするのがよいでしょうか。
>
> 　確かに、ウェブサイトに記載されたプログラムの内容やその意味、医療上の効果などを立証するのであれば、医師等の証人尋問が必要になるものと考えられます。しかし、そのようなプログラムを受講していること自体は被告人自身も語れます。被告人自身が医療機関において様々なプログラムが実施されていることを知っており、被告人がそのプログラムを受けていることを供述できれば、少なくとも、医療機関の実施しているプログラムに熱心に参加しており、治療に努めているという一般情状の立証は可能になります。したがって、医師等の証人尋問が難しくても、代替立証を諦めるべきではありません。
>
> 　このような場合において、被告人が、自身が受けているプログラムの内容やスケジュールなどを逐一言葉で話したうえ、その「明確」化（規則199条の12）として、弁11号証記載の表を利用し、尋問することが考えられます。この場合、利用した弁11号証の一部は添付資料として公判速記録に添付される扱いとなるため、裁判所の目に触れさせることができます。もっとも、このような場合であっても、当然、

2. 弁号証 （12）弁護人作成の報告書

添付された弁11号証の資料が証拠となるわけではありません。証拠
となるのはあくまで被告人の供述であって、添付された弁11号証と
同様の資料そのものからプログラムの実施状況や内容を推論してよい
わけではありません。さらに進んで、被告人供述の同一性や明確化と
はいえないものについては、尋問中に利用することや添付すること自
体許されない場合もあるでしょう。例えば、弁11号証のウェブサイ
トに記載されたプログラムの効用についての説明部分などは、被告人
が供述する基礎のない部分であると考えられるため、証拠として利用
できないのはもちろん、証人尋問中の利用や調書への添付は制限され
る場合があります。このように、伝聞法則の潜脱となりかねない使い
方には十分注意し、逆に検察官がこれに類する行為を行おうとしたと
きには、的確に異議を述べなければなりません。

（12）弁護人作成の報告書

弁12号証：弁護人作成の報告書（被告人の窃盗症の衝動があった日）
立証趣旨：被告人が本間太郎医師の指示のもと、窃盗の衝動が高まったと感
　　　　　じた日をカレンダーに記載していたこと及びその日にち等
作 成 日：令和6年3月1日
作 成 者：弁護人弁護士　田辺翔太

令和6年3月1日

資料入手報告書
（被告人の窃盗症の衝動があった日）

東京地方裁判所　御中

弁護士　田 辺 翔 太 ㊞

　被告人乙野京子が、本間太郎医師の指示があったことから、窃盗症の衝動
が高まった際に赤丸で印をつけたカレンダーを作成していた。そのカレン

195

Ⅱ　弁護人請求証拠編

> ダーを入手したため、添付のうえ報告する。

（添付資料）

2024 年 2 月

日曜日	月曜日	火曜日	水曜日	木曜日	金曜日	土曜日
28	29	30	31	1	2	3
4	5	6	7	8	9	10
11	12	13	14	15	16	17
18	19	20	21	22	23	24
25	26	27	28	29	1	2
3	4	メモ				

【解　説】

　弁護人は、この証拠で、被告人が治療を受けることで窃盗症の衝動が発生する機会が減少してきていることを立証しようとしています。

　被告人質問によって、被告人に供述させることができるので、実務上はあまり伝聞例外での請求の必要性を感じることはないかもしれません。ここでは理論上はどのような整理が可能かという観点で検討をしてみたいと思います。

　もし、不同意にされた場合、まず、法321条1項3号で請求することが考えられるかもしれません。しかし、供述者である弁護人が供述不能にならなければその要件を満たしませんので、同号での採用は難しいといえるでしょう。

　また、添付のカレンダーを法322条1項該当書面であるとして証拠調請求

する方法も考えられます。しかし、同項前段の「不利益な事実の承認」には、犯罪事実の外にある量刑上不利益な事実や刑事責任と全く無関係な民事上又は行政上の責任を認める供述などは含まれないとされています[14]。したがって、本書証は、治療の結果窃盗症の衝動の高まりが減少してきているという量刑上の事実であって、「不利益な事実の承認」とはいえません。また、弁護人から不利益な事実の承認であるという主張をすることも躊躇われます。

さらに、同項後段の「特に信用すべき情況」（いわゆる「特信情況」）が認められるかどうかも悩ましいところです。

別の方法として、法323条3号で請求することも考えられます。しかし、弁12号証添付のカレンダー部分のみを抜き出しても、業務の通常の過程に準ずるような情況で作成されたものでもないため、類型的信用保障情況があるとはいえず、同号に該当するとはいえないでしょう。

以上のとおり、伝聞例外での請求は難しいように思われますが、カレンダーを証拠物として請求する方法が考えられます。しかし、証拠物としての請求だけでは、「被告人が作成した赤丸の印がついたカレンダーがあること」を立証するにとどまり、被告人に窃盗症の衝動が高まった日があったことや、日が経つにつれて衝動が減少してきていることを認定させることまではできません。この場合、証拠物として請求したうえで、その関連性や意味などを被告人質問で語ってもらうことになります。具体的には、被告人質問で、この書証の内容、すなわち、医師から衝動が高まった際に赤丸をつけるように指導されたことから、窃盗症の衝動が高まった際に赤丸で印をつけてきたこと、それが日に日に減ってきていることを語ってもらう必要があります。もちろん、規則199条の10に基づき、被告人に示したうえで説明してもらうこともかまいません[15]。

14　条解刑訴法〈第5版増補版〉952頁。

15　規則199条の10の尋問例については、高野隆＝河津博史『刑事法廷弁護技術〈第2版〉』日本評論社（2024年）149〜162頁。

Ⅱ　弁護人請求証拠編

《報告書の内容を顕出する被告人質問》

（弁護人）クリニックからはどのようなことをやるように指導されましたか。

（被告人）窃盗の衝動が高まるということがあった日には、カレンダーに赤で印をつけるように指導されました。

（弁護人）あなたはどうしたんですか。

（被告人）窃盗の衝動があった日にカレンダーに赤丸で印をつけるようにしました。

（弁護人）いつからつけているのですか。

（被告人）2024年2月4日からです。

（弁護人）いつまでつけていますか。

（被告人）今日までつけています。

（弁護人）つけ始めた最初の週の赤丸の数を教えてください。

（被告人）4つです。

（弁護人）その次の週は。

（被告人）3つです。

（弁護人）その翌週はどうなりましたか。

（被告人）1つになりました。

　もしかしたら、弁12号証作成者の弁護人の証人尋問が必要になると考えた方もいるかもしれません。しかし、弁護人は、被告人から聞いた内容を記載しているので、弁護人が被告人から聴取した過程も伝聞となります。結局、原供述者である被告人への質問で顕出することが最も適切な方法といえるでしょう。

　なお、この書証の本文である「本間太郎医師の指示があったことから、窃盗症の衝動が高まった際に赤丸で印をつけたカレンダーを作成していた。」との部分は、被告人がカレンダーに印をつけるようになった動機にすぎません。被告人が、指示を受けたと認識して、カレンダーを作成するに至ったと語ることができます。したがって、「本間太郎医師の指示があった」という

2. 弁号証 （13）入院中の被告人家族の陳述書

点の伝聞性は問題とならずに被告人自身が語れる内容となります。

（13）入院中の被告人家族の陳述書

弁13号証：陳述書
立証趣旨：被告人のことを監督する意思があること、減刑を求めていること
作 成 日：令和6年3月4日
作 成 者：被告人の実母　近藤美晴

陳述書

裁判官様

　私は、乙野京子の母親です。今年八十歳になります。持病のため入院しており、出廷できないことを深くお詫び申し上げます。

　この度、京子が犯した窃盗の罪について、被害者の方をはじめ皆様に申し訳ない気持ちでいっぱいです。これまでの私の育て方が悪かったのかと悔やまれます。京子とは今後同居して厳しく監督していきます。私は体が不自由ですが、毎日京子に対して今日のことを忘れずに生きていくように厳しく申し付けるようにします。誠に勝手なお願いで恐縮ですが、私がこれまで以上に見守っていきますので、どうか京子に対する刑罰を少しでも軽くしてください。

令和六年三月四日

近藤美晴　㊞

【解　説】

　被告人の実母が入院中のため、証人として出廷できません。そのため、陳述書という形で被告人の実母の監督意思、減刑への嘆願を立証することにしました。

　この書面が不同意にされた場合、書面の存在及び内容を立証趣旨として非供述証拠として証拠調請求して採用させることはできないと考えられます。なぜなら、監督意思があることや嘆願を求めていることが量刑上意味がある

199

というためには、書面の中身の真実性が問題になるのであり、非供述証拠として請求するだけでは立証趣旨との関係では関連性が認められないからです。また、この証拠は、供述内容の真摯性が問題となる内容でもあるため、現在の心理状態の供述と解するのも無理があるでしょう。したがって、原則どおり、実母を証人尋問しなければ陳述書記載の内容を詳細に顕出することはできません[16]。

　ただし、被告人が陳述書の内容を踏まえてどのように思っているかという限度で、被告人質問で被告人に陳述書の内容を語らせることは可能です。この場合、陳述書は、被告人が反省を決めたことの契機であり、現に母親が監督意思を有しているのかどうかを立証しようとするものではないため、伝聞証拠とはなりません。

《尋問例（被告人質問における弁護人主質問）》

（弁護人）お母さんの陳述書は読みましたか。

（被告人）はい。

（弁護人）どのように思いましたか。

（被告人）体の悪い母親にここまで心配をかけて、本当に申し訳ないと思いました。

（弁護人）どういうところからそのように思いましたか。

（被告人）病院の方が体には良いはずなのに、私と同居して監督すると書いてあったところです。

（弁護人）あなたは今後どのようにしようと思いましたか。

（被告人）二度と繰り返さないように治療に励みたいと思いました。

（弁護人）なぜですか。

（被告人）母親にも私の刑を軽くしてほしいと言わせてしまっていて情けないからです。

16　後藤昭『伝聞法則に強くなる〈第2版〉』日本評論社（2023年）50～51頁、前掲注7・後藤255～267頁。

2. 弁号証 （14）被告人の謝罪文（写し）

（14）被告人の謝罪文（写し）

弁14号証：謝罪文（写し）
立証趣旨：被告人が被害店舗に対して謝罪の意思を有していること等
作 成 日：令和6年1月7日
作 成 者：被告人　乙野京子

> 謝罪文
>
> スーパーマーケットコレナス店長様
>
> この度は私の犯した事件で多大なるご迷惑をおかけしたことを心よりお詫び申し上げます。本当に申し訳ございませんでした。
>
> お店の方々が日々万引き対策に追われている中で、私のような者が事件を起こすことはとても許されないことだと思います。私自身二度と事件を起こさないように真剣に事件と向き合い、病院に通って行きます。
>
> 本当に申し訳ございませんでした。
>
> 令和六年一月七日
>
> 乙野京子　㊞

【解　説】

　被告人が、被害店舗に対して、被害店舗が万引き対策に追われていることに対する申し訳なさを示すなどして謝罪の意思を有していることは、反省を示しているという点で量刑上意味のあることです。その点を立証するために、謝罪文を証拠調請求することもあります。

　この証拠も弁12号証（195頁）同様に、被告人質問で被告人に供述させることができるので、伝聞例外での請求の必要性を感じることはないかもしれません。ここでは、理論上の整理を検討したいと思います。

　もし、この書面に対する証拠意見が不同意となった場合、被告人作成の書面ですから、伝聞例外の規定としては法322条1項の規定が頭に浮かぶかもしれません。しかし、ここでの立証の主眼は反省状況、謝罪状況にあります

201

Ⅱ　弁護人請求証拠編

ので、犯罪行為を認めている謝罪文だとしても不利益事実の承認に該当する
とはいえないと思われます。また、特信情況もなく法322条1項後段での請
求も認められないでしょう。

　したがって、不同意となった場合には被告人質問で謝罪文の内容を顕出す
る必要があります。なお、後述のコラムのとおり、被告人の謝罪の意思や反
省の気持ちなどは、反省文や謝罪文などの伝聞証拠から立証するのではなく、
被告人質問において被告人自身に語らせる方がかえって望ましいです。

（15）被告人作成の日記

弁15号証：被告人の日記
立証趣旨：被告人が再犯防止のために日々内省を深めていること等
作 成 日：令和6年1月7日から同年3月2日まで
作 成 者：被告人　乙野京子

令和6年1月7日	なんで万引きをしてしまったのか……とにかく悔しい。
令和6年1月8日	弁護士さんになぜとったのか理由を聞かれたので考えている。わからない。
令和6年1月9日	病気の影響じゃないかと言われた。そうかもしれないけどそれを免罪符にしたくない。
	〜略〜
令和6年3月2日	裁判の結果はどうであれ、自分が窃盗を繰り返してしまうおそれがある自覚をもって生きていきたい。

【解　説】

　被告人が、令和6年1月7日から毎日内省を深めていること、その内容は、
万引きをしたことの原因を模索していること、病気の影響かもしれないがそ
のせいにはしたくないと思っていることなどです。このような具体的な内省

202

2. 弁号証　（15）被告人作成の日記

の内容は量刑上意味のあるものになります。

　この証拠も弁12号証（195頁）、弁14号証（201頁）同様に、被告人質問で被告人に供述させることができるので、伝聞例外での請求の必要性を感じることはないかもしれません。ここでは、理論上の整理を検討したいと思います。

　この書面が不同意にされた場合、法323条3号で請求することが考えられます。しかし、業務の通常の過程に準ずるような情況で作成されたものでもないため、類型的信用保障情況があるとは言えず、同号に該当するとはいえないでしょう。

　また、法322条1項での請求を思いつくかもしれません。しかし、不利益事実の承認には当たらず、また特信情況についても法321条1項3号の特信情況と同等のものが要求されますから[17]、いずれの要件にも当たらないと判断されるでしょう。一応、特信情況を立証して322条1項後段書面に当たると主張する方法は残されてはいると思います。

　ただ、結局その特信情況の立証は被告人質問によることになります。被告人質問では、例えば、日記は1月7日から「毎日」記載していること、具体的な内容の一部を紹介すると万引きをしてしまったことへの反省の気持ちや、どのようにしたら再犯しないかを考えていることを記載している、などということを語ってもらうことになります。その結果、特信情況があるとまで判断されない場合でも、日記を証拠調べするのと同じような結果を得ることができると考えられます。

> **コラム**　**謝罪文・本人作成の日記**
>
> 　そもそも、法廷外でなされた被告人供述をどこまで書証で立証をするかというところから検討をした方がよいでしょう。
>
> 　被告人の謝罪の意思も、内省の深まりも、公判廷において直接被告

17　条解刑訴法〈第5版増補版〉953頁。

Ⅱ　弁護人請求証拠編

人に語らせる方がニュアンスも含めて正確に伝えられます。また、裁判所に与える印象も、現に目の前にいる被告人が謝罪や反省の気持ちを述べる方が、書面を読むよりもずっと強く残せるはずです。

被告人に語らせることは、直接主義及び口頭主義の充実にも資することになります。そのため、弁護人は、被告人質問で顕出できる事柄は、書証ではなく被告人質問で立証をしていくことが望ましいです。

（16）『DSM-5-TR 精神疾患の分類と診断の手引』 窃盗症の頁

弁16号証：『DSM-5-TR 精神疾患の分類と診断の手引』[18]　窃盗症の頁
立証趣旨：窃盗症の診断基準
作 成 日：2023年9月（発行日）
作 成 者：日本精神神経学会

【解　説】

　『DSM-5-TR　精神疾患の分類と診断の手引』（以下、「DSM-5-TR」といいます）は、日本精神神経学会によって翻訳されている権威ある書籍です。精神疾患の診断基準が記載されており、臨床現場において診断を下す際等によく参照されているものです。弁護人は、被告人が窃盗症に罹患していたことを立証するために本書証を請求しています。

　しかし、同書の診断基準を顕出するだけでは、被告人が窃盗症に罹患していたことを立証するには不十分です。そのための立証には、弁1号証の診断書作成者である阿部慎三医師の証人尋問がメインになってきます。同人の証

18　日本精神神経学会日本語版用語監修・髙橋三郎＝大野裕監訳・染谷俊幸＝神庭重信＝尾崎紀夫＝三村將＝村井俊哉＝中尾智博訳『DSM-5-TR　精神疾患の分類と診断の手引』医学書院（2023年）。

2. 弁号証 （16）『DSM-5-TR 精神疾患の分類と診断の手引』窃盗症の頁

言と本書証を合わせて、被告人が窃盗症に罹患していることを顕出していくことになります。

不同意にされた場合、法323条 3 号の適用がある[19, 20]として証拠調請求することとなります。

出版物は、信頼できる権威ある書籍である場合には、同号の適用がなされます。本件では、阿部慎三医師の証人尋問内で、「DSM- 5 -TR」が、信頼できる権威ある書籍であることを証言させておくことで、同号で採用させることはできるでしょう。

もっとも、伝聞例外の要件となる事実は訴訟法的な事実なので、自由な証明で足りるとする説もあります[21]。その説によれば、「DSM- 5 -TR」は、解説の冒頭で説明したとおり、著名で一般的な文言であることが公知の事実なので、「DSM- 5 -TR」という書籍であること自体から、信頼できる権威ある書籍であると認定でき、同号に該当すると判断されることもあるでしょう。

---

19 前掲注15・高野＝河津226頁は、「個別の専門分野で権威あるものとして通用している教科書、専門誌、学会報告に登載された論文は伝聞例外として許容される（刑訴法323条 3 号）」とする。
20 FEDERAL RULES OF EVIDENCE
　Rule 803.（18）Statements in Learned Treatises, Periodicals, or Pamphlets.
　A statement contained in a treatise, periodical, or pamphlet if:
　(A) the statement is called to the attention of an expert witness on cross-examination or relied on by the expert on direct examination; and
　(B) the publication is established as a reliable authority by the expert's admission or testimony, by another expert's testimony, or by judicial notice.
　If admitted, the statement may be read into evidence but not received as an exhibit.
21 最決昭和58年12月19日刑集37巻10号1753頁〔24005933〕は、公務所への資料送付嘱託の当否及び証人の採否という訴訟法的事実については、自由な証明で足りるとしている。一方で、前掲注 7 ・後藤266頁は、厳格な証明の対象とすべきとしている。

監　　修

後藤　　昭　（ごとう　あきら）

　一橋大学・青山学院大学名誉教授。早稲田リーガルコモンズ法律事務所顧問。

　『伝聞法則に強くなる<第2版>』日本評論社（2023年）、『裁判員時代の刑事証拠法』日本評論社（2021年）をはじめ、著書・論文多数。

執筆者一覧（五十音順）

赤木　　竜太郎　（あかぎ　りゅうたろう）

　弁護士（67期、東京弁護士会）。東京ディフェンダー法律事務所。

　日本弁護士連合会刑事弁護センター委員、東京弁護士会刑事弁護委員会。

　2013年一橋大学大学院法学研究科法務専攻（法科大学院）修了。

佐々木　さくら　（ささき　さくら）

　弁護士（69期、東京弁護士会）。桜日法律事務所。

　東京弁護士会親和全期会編著『こんなところでつまずかない！刑事事件21のメソッド』第一法規（2020年）。

　2014年千葉大学大学院専門法務研究科（法科大学院）修了。

髙橋　　宗吾　（たかはし　そうご）

　弁護士（68期、京都弁護士会）。Kollect京都法律事務所。

　日本弁護士連合会刑事弁護センター幹事、京都弁護士会刑事委員会副委員長（裁判員部会長）

　2014年早稲田大学大学院法務研究科（法科大学院）修了。

Ⅱ　弁護人請求証拠編

中原　潤一　（なかはら　じゅんいち）

　弁護士（新64期、神奈川県弁護士会）。弁護士法人ルミナス法律事務所横浜事務所。

　日本弁護士連合会刑事弁護センター幹事、神奈川県弁護士会刑事弁護センター運営委員会委員。

　2005年明治大学法学部卒業、2009年獨協大学大学院法務研究科（法科大学院）修了。

松本　浩幸　（まつもと　ひろゆき）

　弁護士（66期、東京弁護士会）。稲穂法律事務所。

　日本弁護士連合会刑事弁護センター幹事。

　2008年早稲田大学法学部卒業、2011年同志社大学大学院司法研究科（法科大学院）修了。

山本　衛　（やまもと　まもる）

　弁護士（新64期、第一東京弁護士会）。法律事務所創衛。

　K-Ben NextGen代表。

　2008年一橋大学卒業、2010年一橋大学大学院法学研究科法務専攻（法科大学院）修了。

サービス・インフォメーション ━━ 通話無料 ━━

①商品に関するご照会・お申込みのご依頼
　　　　　TEL 0120(203)694／FAX 0120(302)640
②ご住所・ご名義等各種変更のご連絡
　　　　　TEL 0120(203)696／FAX 0120(202)974
③請求・お支払いに関するご照会・ご要望
　　　　　TEL 0120(203)695／FAX 0120(202)973

●フリーダイヤル（TEL）の受付時間は、土・日・祝日を除く
　9：00～17：30です。
●FAXは24時間受け付けておりますので、あわせてご利用ください。

伝聞証拠との向き合い方と弁護技術

2025年1月5日　初版発行

監　修　　後　藤　　　昭

編　著　　K-Ben NextGen

発行者　　田　中　英　弥

発行所　　第一法規株式会社
　　　　　〒107-8560　東京都港区南青山2-11-17
　　　　　ホームページ　https://www.daiichihoki.co.jp/

装　丁　　篠　　　隆　二

刑伝聞証拠　ISBN 978-4-474-01024-6　C2032（9）